西安交通大学
人口与发展研究所·学术文库

农村家庭代际支持的年龄模式

The Age Pattern of Intergenerational Support among

Older Persons in Rural China

左冬梅　李树茁　〔加〕吴　正／著

社会科学文献出版社
SOCIAL SCIENCES ACADEMIC PRESS (CHINA)

总　　序

　　西安交通大学人口与发展研究所一直致力于社会性别歧视与弱势群体问题的研究，在儿童、妇女、老年人、失地农民、城乡流动人口和城镇困难企业职工等弱势群体的保护和发展等领域进行了深入研究。研究所注重国内外的学术交流与合作，已承担并成功完成了多项国家级、省部级重大科研项目及国际合作项目，在弱势群体、人口与社会发展战略、公共政策研究等领域积累了丰富的理论与实践经验。

　　研究所拥有广泛的国际合作网络，与美国斯坦福大学人口与资源研究所、杜克大学、加州大学尔湾分校、南加州大学、加拿大维多利亚大学、圣塔菲研究所等国际知名大学和研究机构建立了长期的学术合作与交流关系，形成了研究人员互访和合作课题研究等机制；同时，研究所多次受到联合国人口基金会、联合国儿童基金会、联合国粮农组织、世界卫生组织、国际计划、美国 NIH 基金会、美国福特基金会、麦克阿瑟基金会等国际组织的资助，合作研究了多项有关中国弱势群体问题的科研项目。国际合作使研究所拥有了相关学术领域的国际对话能力，扩大了国际影响力。

　　研究所注重与国内各级政府部门的密切合作，已形成了与国家、地方各级政府的合作研究网络，为研究的开展及研究成果的扩散与推广提供了有利条件和保障。研究所多次参与有关中国弱势群体、国家和省区人口与发展战略等重大社会问题的研究，在国家有关政府部门、国际机构的共同合作与支持下，在计划生育和生殖健康、女童生活环境等领域系统地开展了有关弱势群体问题的研究，并将研究结果应用于实践，进行了社区干预与传播扩散。1989 年以来研究所建立了社会实验基地 6 个，包括"全国 39 个县建设新型婚育文化社区实验网络"（1998～2000 年，国家人口和计划生育委员会）、

"巢湖改善女孩生活环境实验区"（2000～2003 年，美国福特基金会、国家人口和计划生育委员会）、"社会性别引入生殖健康的实验和推广"（2003年至今，美国福特基金会、联合国人口基金会和国家人口与计划生育委员会）等。其中，"巢湖改善女孩生活环境实验区"在国内外产生了重要影响，引起了国家和社会各界对男孩偏好问题的重视，直接推动了全国"关爱女孩行动"的开展。

近年来，研究所开始致力于人口与社会可持续发展的理论、方法、政策和实践的系统研究，尤其关注以社会性别和社会弱势人群的保护与发展为核心的交叉领域。作为国家"985 工程"二期"人口与经济社会可持续发展政策与管理创新"研究基地的重要组成部分，研究所目前的主要研究领域包括：人口与社会复杂系统的一般理论、分析方法与应用研究——探索人口与社会复杂系统的理论和方法、分析人口与社会复杂系统的一般特征及结构，建立人口与社会复杂系统模型，深入分析社会发展过程中出现的重大人口与社会问题并为其提供理论和方法指导；人口与社会政策创新的一般理论、分析方法与应用研究——分析人口与社会政策创新的理论内涵与模式，人口与社会政策创新的政策环境、条件、机制、过程与应用，建立人口与社会政策创新评估体系；转型期面向弱势群体保护与发展的社会政策创新研究、评价与实践——以多学科交叉的研究方法，研究农村流动人口在城镇社会的融合过程，分析农民工观念与行为的演变及其影响机制，研究农村流动人口与社会后果，探索促进农民工社会融合的途径，探讨适合中国国情的城市化道路；国家人口与社会可持续发展决策支持系统的研究与应用——在人口与社会复杂系统和人口与社会政策创新研究的基础上，结合弱势群体研究所得到的结果，面向国家战略需求，从应用角度建立人口与社会可持续发展决策支持系统，形成相应的数据库、模型库、知识库和方法库，解决人口与社会可持续发展过程中的重大战略问题。

中国社会正处于人口与社会的急剧转型期，性别歧视、城乡社会发展不平衡、弱势群体生活困难等问题日益凸显，社会潜在危机不断增大，影响并制约着人口与社会的可持续发展。西安交通大学人口与发展研究所的研究成果有利于解决中国社会面临的以社会性别和弱势群体保护与发展为核心的人口与社会问题。本学术文库将陆续推出其学术研究成果，以飨读者。

目　　录

第一章 绪论

第一节 研究背景

一 迅速发展的农村人口老龄化

随着中国社会和经济的进步，人口死亡率快速下降，而计划生育政策的推行使得在短短几十年里，生育率下降到更替水平以下，实现了传统意义上的人口转变。在这种背景下，人口年龄结构发生着重要变化，开始趋于老龄化。"老龄化"一词的含义既包括"增龄"所带来的人类个体老化，也包括整个人口群体的老化（杜鹏，2006）。而人口老龄化是指由于总人口中年轻人口数量的减少、年老人口数量的增加而导致的老年人口比例相应增长的动态过程。国际上通常把60岁以上的人口占总人口的10%以上或65岁以上的人口占总人口的7%以上作为一个国家或地区达到老年型社会的标准。第五次人口普查确认中国在2000年已经是老年型人口（60岁以上人口占总人口的10.46%；65岁以上人口占总人口的6.96%）。根据2005年全国1%人口抽样调查结果，2005年底，我国65岁及以上老年人口首次超过1亿人，达到10055万人，占全国总人口的7.70%；60岁及以上的人口为14422万人，占全国总人口的11.03%，老龄化社会的特征更为明显（杜鹏、李强，2006）。与人口年龄结构的老龄化相伴随的是人口预期寿命的增加，根据学者基于人口普查和调查数据所进行的分析结果，20世纪90年代以来，中国城乡人口的平均预期寿命在各年龄段上均增幅明显。1982年，城镇人口和乡村人口的预期寿命分别为71.06岁和67.05岁，2000年这两个数字分别达到 75.21 岁和 69.55 岁，2009 年则进一步增加到 77.33 岁和 72.29 岁（胡英，2010）。不同学者用不同方法、不同起点年份进行的预测均说明 21 世纪我国老龄人口高速增长已成定局（曾毅，2001）。根据杜鹏等学者的预测，预计到 2014 年，我国老年人口总数将突破 2 亿，2026 年超过 3 亿，2041 年将达到 4 亿。2030 年，我国 65 岁及以上老年人口占总人口的比重将为 16.3%，2050 年达到 23.2%。而 2050 年的平均预期寿命男性将达到 74.4 岁，女性将达到 79.9 岁（杜鹏等，2005）。

相较于其他人口老龄化国家，中国的人口老龄化进程在历史成因和社会、政策背景上有其特殊性。总结起来，中国的人口老龄化具有几方面的特点。首先，发展速度快。中国人口年龄结构从成年型进入老年型仅用了 18 年左右的时间，预计 1990~2050 年我国 65 岁及以上老年人口比重每年平均增长速度为 2.6%，这个发展速度不仅在发展中国家是最快的，而且超过了许多发达国家（王树新，2004）。其次，人口老龄化伴随着人口高龄化的同步发展。高龄化是指 80 岁及以上人口在总体老年人口中的比重不断提高的一种人口年龄结构现象。由于高龄老人的死亡率下降逐渐成为老龄化进一步加深的主导因素，加上那些在 20 世纪 50~60 年代"生育高峰"出生的人群逐渐步入老龄阶段，高龄老人的数量大幅度增长。根据联合国的预测，中国 80 岁及以上的高龄老人规模将从 2000 年的 1150 万人增加到 2020 年的 2700 万人、2030 年的 3900 万人，并在 2050 年达到 9900 万人；这部分高龄老人占 65 岁及以上总体老年人口的比例将从 1990 年的 12.2% 增加到 2020 年的 19.0% 与 2050 年的 34.6%（曾毅等，2004）。高龄往往伴随着机体退化和健康状况的下降以及经济自主能力脆弱性的升高。高龄化趋势会给家庭和社会在提供支持和照料方面带来沉重负担。

除此之外，中国人口老龄化的另一个特点是"城乡倒置"。农村不仅是中国老年人口最多的地区，也是老龄化程度和老年人口抚养比最高的地区。虽然我国农村的经济发展水平远低于城镇，人口生育水平高于城镇，并且平均预期寿命低于城镇，但是从 1982 年至今，农村人口的老龄化程度日益高于城镇，并且这种趋势仍在继续（杜鹏、王武林，2010）。2000 年中国农村地区的 65 岁及以上老年人口数量是城市地区的 2 倍多，相应的人口比重高达 7.35%（城镇比重为 6.30%），并且农村人口的高龄化程度也较城镇更为严重。根据比较保守的预测，到 2050 年，农村高龄老人占老年人口的比例将比城镇高出约 13 个百分点（曾毅，2005）。导致农村老龄化形势严峻有人口自然变动的原因，但主要是由于农村人口向城市迁移过程中存在的这种年龄选择性（Zeng 和 Vaupel，1989）。1978 年开始在中国农村开始推行的家庭联产承包责任制是农村土地制度的重要转折，提高了农村劳动生产率的同时也使得农村劳动力过剩的问题开始凸显。同时由于地区和城乡收入差距的不平等，出现了大规模的农村劳动力向城市地区的迁移流动，而年轻劳动力构成了这部分人群的主体。人口老龄化城乡倒置虽然只是人口发展进程中的阶段现象，但据预测，直到 21 世纪后半叶，城镇的老龄化水平才将超过农村，并逐渐拉开差距。在此之前，中国人口老龄化的重心在农村，老龄问题的重心也在农村。

二 农村家庭养老及其当前面临的困境

老年人的养老保障需求包括物质供养、生活和健康照料、精神慰藉等多个方面。养老保障可供选择的组织制度模式多种多样，主要包括家庭养老模式、个人养老模式、（农村）社会养老保险模式、集体养老制度模式、社会救济养老模式和商业养老保险模式等（梁鸿等，2008）。在中国，已经存在了几千年的、以血缘道义为内在特征的家庭养老模式最具长时间的稳定性，在当代中国农村它是占据主体地位的养老制度安排，在未来仍将是我国农村养老的主要方式（姚远，2001）。这不仅是由于家庭养老在中国，尤其是农村地区具有深厚的经济、社会和文化的根基（王萍等，2011），而且也是受制于农村地区较为落后的社会和经济发展状况以及国家政策和法律制度安排下的现实选择。

家庭养老这种以家庭为基本单位、单一分散的老年人供养方式，和其他养老方式相比，其关键在于家庭成员对于赡养老人代际责任上的文化认同（宋健，2006）。一方面，子女是父母进入老年后获得所需各种支持的主要提供者，子女提供的代际支持几乎成了老年人社会支持的全部内容（Sheng 和 Settles，2006）。另一方面，老年人也不单是被赡养，他们在生活的大多数时间里可以自理，并可以为家庭生活继续做出很大贡献。在传统的责任伦理和家族绵延观念的支配下，农村老年人往往强调自己对后代的责任，从而继续为成年子女提供各种力所能及的帮助（杨善华等，

2004）。例如，在普遍缺乏日常儿童照料设施，儿童尤其是学龄前儿童的日常照料主要在家庭内部完成的中国农村，父辈更是帮助子女照料未成年孙子女的首要人选（Silverstein 等，2007b）。俗语说："家有一老，如有一宝。"老年人是家庭的宝贵资源，他们对于年轻一代的继续支持，对于减轻年轻一代的家庭负担，使年轻一代全力投入工作和实现自身发展有积极的意义。代际交换对于促进老年人及其子女包括孙子女的福利，尤其是对老年人的养老保障至关重要。

由于传统价值观、家庭结构、家庭功能和家庭伦理的变化以及土地收益的下降，农村传统的家庭养老功能弱化，以家庭养老为主的养老模式面临困境。政府在社会化养老体系建设方面严重缺位，然而农村老年人的养老需求却在不断激增。在经济需求方面，由于无法享受城里老年人的养老金和退休金制度，辛苦劳作一生的农村老年人往往主要依靠子女的经济支持。这种情况在年老体弱的高龄老人中尤甚。随着平均寿命的延长，经济保障的问题将更加严重；在健康需求方面，杜鹏等人的研究发现，农村男性和女性老年人生活不能自理的比例都比城市高 50% 以上，其中农村女性老年人生活自理能力最弱（杜鹏等，2006）。而顾大男、曾毅的研究发现，在各年龄段的高龄老人中，健康预期寿命占余寿的比例都是城镇男性高龄老人高于农村男性高龄老人、城镇女性高龄老人高于农村女性高龄老人，最低的是农村女性高龄老人（顾大男等，2002）。而在情感需求方面，由于子女不在身旁，农村留守老人的比例升高，农村老年人面临着无人陪伴的孤独境况。当前农村老年人的养老风险仍在不断加大，农村老年人的养老、医疗、照料等问题非常突出（杜鹏等，2010）。传统的家庭养老模式已经没有存在的土壤，而新的农村养老模式尚未建立。因此，造就了我国农村养老的"真空"现象（王萍等，2011）。

三 社会变迁与农村老年人家庭代际关系

目前，生活在农村的老年人从其出生、成长直至进入老年的整个生命历史阶段，经历了中国社会由新民主主义革命的兴起到新中国成立后的社会主义改造，直至进入社会主义建设的历史过程。他们大多数是从改革开放之后开始进入老年的。因此，在他们整个的生活经历，特别是老年阶段中，正值农村社会变革最剧烈的历史时期。宏观的社会变迁所带来的变化必然要重新规范人的行为，农村老年人家庭代际关系受到社会变迁的多方面的触动。

概括来说，社会变迁给农村老年人家庭代际关系带来了以下六个方面的深刻变化。第一，随着人口寿命越来越长，家庭的代数也在增加，家庭代际关系变得更加复杂。从前寿命稍长的老人与已婚子女共同生活的时间也不过几年（王树新，2004），生育和培养子女几乎贯穿于结婚后的全部生命周期，而现在的老年人却大多能够看得到孙子女一代的出生和成长，甚至包括第四代。不同年代的人在思想和价值观念上存在差异，使得代际关系趋于复杂化。第二，持续多年的低生育率改变了总人口中未成年人口和老年人口的结构比例，从宏观上看，使老年人口抚养指数上升和总抚养费用增加；从微观上看，造成了家庭子女数的剧减和家庭养老资源不足的问题。第三，农村家庭结构的小型化和核心化使得各代拥有了更加独立的生活空间、减少了代际冲突和摩擦，但同时也影响到老年人生活照料和精神慰藉的及时性，使得家庭抵御风险的能力下降和家庭成员的生活风险加大。第四，20世纪80年代以来出现的大量中青年剩余劳动力的外流使得中国农村家庭的结构和功能以及伦理观念发生了深刻变化。一方面，成年子女外出务工虽然可能增加对老年人的经济支持，但同时也导致老年人潜在照料人数的减少，损害了老年人的生活照料和情感支持。在未来较长的时期内，劳动力外流的规模仍有不断扩大的趋势（国务院政策研究室课题组，2006），这意味着大规模劳动力外流给农村家庭传统的代际支持所带来的挑战将持续存在。第五，现代化过程带来了农村妇女外出就业的增加，减少了家庭成员交流的机会，削弱了家庭的代际联系，更主要的是减少了她们为老人提供照料的时间（Beiegel 和 Schulz，1999；Koyano，2000）。同时，经济能力的增强提高了农村女性的家庭地位，女儿在为老年父母提供经济支持、生活照料和情感慰藉等方面相对于儿子发挥着越来越重要的作用（左冬梅、李树苗，2011）。第六，在从计划经济向市场经济体制转变的过程中，传统养老文化变淡，年轻一代的个人主义代替了家本位的思想，"孝观念"受到了猛烈的冲击。体现在家庭关系中，家庭成员间关系变得更加平等，传统家庭意义上的老人在家庭生产中的权威性随着生产方式的变更而丧失。夫妻关系的平衡重于婆媳关系和父子关系，代际关系出现重心下移的现象，"重幼轻老"现象成为农村家庭的一大特征。

虽然当前农村家庭养老处在变革期，但中国农村一直是传统文化和制度维系的沃土，传统的家庭养老模式仍然得到了极大程度上的保存，家庭养老表现出传统和变革共存的特征（左冬梅等，2011）。家庭自产生起就具有养老的功能，随着时间的推移，农村家庭养老经历了和正在经历着从传统向现代的转换。而现代家庭仍将扮演着养老资源的提供者和养老职能实施者的基本角色。家庭内代际资源交换、年轻一代对于老年人的照料和精神慰藉是任何社会行为都无法替代的。中国的人口老龄化是在社会经济还处在相对薄弱的条件下迅速发生的，并以我国经济体制转轨和社会经济全面深入改革为背景。结构调整与新旧制度衔接所带来的问题，家庭规模和结构变动引发的代际关系在供养方式、居住方式、交往和沟通方式等方面的变化，人们思想和价值观念的转变等都加重了老年保障问题。

四　代际支持行为的动态发展

代际支持是涉及多方面有价值资源的双向支持和交换的复杂问题，不同年龄、不同时代的老人和子女在经济支持、日常照料和情感支持各方面付出的能力及得到的需求不同，使得代际支持行为像个体发展一样，并不是一成不变，而是在一生中沿着一定的轨迹发展变化的。在中国，对中国人的生活影响最大的儒家学说更是为中国人的家庭生活提供了一个以严格的年龄等级和性别原则为中心的范本。年龄作为个人的一种性质，可以标志着心理成熟、个体发展、在更广泛的社会范畴内的成员资格（同期群）以及生命阶段等。早在 30 年前就有学者指出年龄仍然是"父母影响其后代过程中一个被忽略的方面"，呼吁社会科学家更加密切地关注年龄（Ravanera 等，2004；Riley，1987）。但是，这一建议至今仍然被学者们所忽视。年龄是影响子女和父母代际支持行为的显著因素（Cooney 和 Uhlenberg，1992a），但已有的关于年龄的研究结果仅仅是基于群体层面的思考，从中难以找到个体生命与世代变化的联系点，也无法用数据来解释为什么在同样的社会或历史条件下会出现个体发展的差异。

截至目前，以传统代际支持模式为基础，在一个固定的时间点上进行家庭代际支持模式讨论和因素修订的研究较多，但对于家庭代际支持行为的个体发展轨迹及其变化，从老人和子女两个角度对随时间变化所带来的代际支持行为改变的研究非常少见。已有的关于代际支持的系统研究多局限于基于生命时间的维度，即符合人们日常概念中的年龄。这种仅仅按生命时间划分群组的研究很难用社会或历史因素解释群组之间的差异，也无法发现生命与时间变化的联系。这种局限，部分是由横截数据本身的限制所带来的，但主要是因为没有从生命历程的时间观视角来界定年龄，因此对家庭养老机制缺乏深入、完整而准确的认识。

本书从家庭内部老年父母与子女的互动过程中思考和研究农村老年人家庭代际支持行为的年龄规律和发展模式，有利于从微观和宏观两个层面上理解社会变迁对家庭代际关系的作用和代际交换行为变动的过程，可以对今后建立和完善农村的养老保障和社会支持体系、开展农村社区老年服务提出有针对性的政策建议，这对减轻家庭成员的养老负担，改善农村老年人的生活质量，改善农村家庭的养老扶幼功能，逐步建立和完善有效的农村养老保障体系，维护社会稳定，促进农村剩余劳动的转移均有着重要意义。

将生命历程理论和社会性别理论以年龄为纽带纳入代际支持研究中去的策略成为可能，是研究家庭代际支持动态演化的一个全新而有效的思路。生命历程本身是一种跨学科的视角（Shanahan，2000），本书将目光放到个体所生活的整个社会系统之中，从宏系统、中间系统和微系统中寻找代际交换行为发展的动力。截至目前，相关研究很少见。本书以生命历程作为研究的方法论指导，系统研究农村代际支持的年龄模式，不仅为研究家庭代际支持行为的动态发展提供新的方法和思路，而且将丰富生命历程理论的研究内容，拓展其应用领域。本书进行的生命历程理论及其社会应用研究，对于加速我国跨学科研究与应用具有积极意义。

第二节　概念界定

一　代与代际支持

"代"（Generation）是指世系的辈分，它是在时间刻度上对于不同时期人的一种划分，一般用代际间隔即代与代之间在时间上的跨度来表示（王树新，2004）。作为传承的社会时间视角的"代"（刘德寰，2007），总体上是按照年龄来加以界定的。正因为"代"的概念有助于理解发生在个体和家庭的私人领域内以及公共领域内的社会结构中人与人之间的相互作用，有助于辨识和解决各种类型的社会问题。因此在许多学科领域中得到了广泛的发展和应用，可分为在宏观和微观两个社会层面上的运用。微观层面上"代"的概念强调在扩展家庭中的血缘亲情背景，例如父代、子代；而宏观层面上"代"的概念常代替"队列"（Cohort）特别是"出生队列"（Birth Cohort）来使用，主要是指处于同一时期的不同年龄阶段的群，是从同期人角度定义的概念，例如 80 后、90 后。后一种"代"的含义有时和特定的历史事件或历史时期相联系，例如经历过"文革"的一代、经历过经济大萧条的一代等。由于属于同一"代"的个体在社会和历史发展进程中居于相同的位置，因此，在宏观层面上常常将其用来作不同年龄的人群之间关系的结构分析，比如制度差异。并且"代"的发展和继承常被认为是促使社会变迁的深层次动力（Mannheim，1952），这方面的讨论集中于诸如社会资源的代际竞争以及促进代际公平的公共政策等问题（Biggs，2007）。虽然"代"和"队列"二者在含义上具有重合之处，但本文同意 Ryder 和 Riley 的观点，即二者是两个不同的概念，相比队列而言，"代"概念的时间跨度更大（Riley，1987；Ryder，1965）。本文所指的"代"更接近其原意，即微观层面上作为一种亲属关系结构的单位。

代际关系的含义是随时间不断变化的，"代际"这个概念至少包括两个不同的年龄组：父代和子代。然而随着人口寿命的延长，学界对家庭代际关系的研究逐渐扩展到了三代甚至四代。本书仍然以老年父母（G1）和子女（G2）两代人作为研究对象的主体，但同时也将第三代（即孙代 G3）家庭成员对 G1 和 G2 间代际资源交换的影响考虑在内。本研究中"代际支持"是在中国农村普遍的养老方式——家庭养老（Family Support）方式下的代际支持，是基于家庭的纵向血缘关系基础上的代际成员作为不同的行为主体间的资源交换行为。和一般的"交换"行为不同的是，首先，代际交换在行为主体上具有特殊性；其次，代际交换在行动方式上的特殊性。一般的交换关系没有义务性和强迫性，是在互利互惠前提下做出的选择，法律并不干预。而代际支持往往被规定为一种抚养和赡养关系，是受法律保护的家庭关系，带有硬性约束性质。

经济支持（Financial Support）、生活照料（Instrumental Support）和情

感支持（Emotional Support）构成了家庭代际支持（Intergenerational Support）的主要内容。其中，经济支持指老年人与子女之间提供的现金、衣物、食品等实物帮助；生活照料包括子女与老年父母之间提供的洗衣、做饭、打扫卫生等家务帮助（Household Chore Help）和穿衣、喂饭、洗澡等日常生活起居照料（Personal Care）。除此之外，本书还将老年人为子女提供的孙子女照料纳入他们为子女提供的代际支持当中；情感支持指老人通过倾诉、谈心等交流行为获得的感情慰籍，是子女与老年人之间相处的感情融洽（Emotional Closeness）程度的重要标志。另一个与代际支持非常接近的概念是微观意义上的代际交换（Intergenerational Exchange），相比于代际支持，代际交换更加强调家庭代际成员间相互提供的支持，其本质上是资源在家庭内不同代的成员之间的交换。本文所界定的代际交换既包括子女为老年人提供的经济支持和生活照料，也包括老年人为子女提供的经济帮助和家务、照料未成年子女等日常生活帮助。因此，代际交换和代际支持这两个概念在本研究中可以互换使用。本书中的情感支持是指代际的感情融洽程度，是一种双向交互的情感交流，所以没有根据方向进一步划分。

二 年龄

年龄，作为个人的一种性质，可以标志着心理成熟、心理发展、在更广泛的社会范畴内的成员资格（同期群），或者生命阶段。在对社会很多方面的问题进行讨论时，都会涉及对其年龄构成的分析。但是直到最近四五十年，学者们才开始对这个概念中所包含的多种含义加以深入解析和认识。如今的社会学将年龄看作一个客观的生理事实，同时强调生理年龄背后所蕴含的丰富的社会文化意义，个人的经历、角色、社会地位都常常和年龄有着联系（Richard 和 Mayer，1997）。社会文化意义上的年龄不是一成不变的或自然形成的，而是和社会性别一样，是在与他人的相互关系中创造及再造产生的。年龄的生理意义和社会文化意义间的差异与生理性别（Sex）和社会文化意义上的社会性别（Gender）间的差异相类似，因此，不少学者们致力于"年龄社会学"的研究，认为可以像讨论社会性别那样对年龄建立类似的分析框架（Laz，1998）。

年龄的测量虽然简单，但它却是一个复杂的属性变量（Riley，1987）。对年龄数据的理解可以从以下时间维度和空间性质上进行。第一，个体从出生到死亡的生命时间或生命跨度，在这个意义上可以定义出"生理年龄"的概念，它可以用来大体划分个体老化进程的阶段。第二，个体生命历程中生命阶段和角色转换（如结婚、退休、生育子女）的社会时间，在这个意义上可以定义出"社会年龄"的概念，实际上是角色转变的一种社会约定俗成的年龄方面的规范。第三，社会变迁进程中的历史时间，在这个意义上可以定义出"历史年龄"的概念，即年龄标志着个体从出生之年起进入特定的社会空间。

年龄概念在生命历程理论中居于核心的位置。它跨越了个体层面，体现出了个体、社会和历史三种从微观到宏观再到纵向的空间里对事件和角色等生命历程轨迹的建构（包蕾萍、桑标，2006），它是个体生命、社会文化与历史背景的重要联结点（包蕾萍，2005）。本文借助生命历程理论的研究范式，对年龄概念进行多重的解析，将生理年龄（Chronological Age）也简称为年龄，社会年龄用定义出的家庭生命阶段来测量，历史年龄用所属的出生队列（Cohort Membership）来测量。

三　队列

队列（Cohort），也叫同期群，是指在相同时期经历了同样事件的个体的集合（Ryder，1965）。同时出生的一群人构成一个出生队列，在横截面数据中，他们具有相同的年龄。由于历史事件和条件对于同期队列的成长、变老、死亡等阶段会造成特定的冲击，这种相同历史时期成长的个体集合具有共同的性质基础，称之为队列效应。在20世纪50~60年代以前，有关社会变化和生活模式（Life Pattern）的研究沿着各自的方向发展，但社会的发展使得社会变化和生命历程之间的联系日益密切，之后，人们逐渐认识到研究生活模式和社会历史变化之间互动关系的重要性。最早涉及历史时间作用的研究来自曼海姆（Mannheim）关于"代"或称"世代"（Generation）的讨论（Mannheim，1952），这里所说的"代"实际上就是出生队列。队列本是在人口学和流行病学中普遍使用的概念，由雷德尔（Norman Ryder）在1965年的论文《社会变迁研究中的同龄群体概念》中引入到社会学的研究中（Ryder，1965）。Ryder认为，人所属于的队列标志着其所属于的社会阶层，队列和其他社会阶层划分一样都是具有解释力的代理指标，标志着同一类型的人群所具有的共同经历。所以，忽略队列就等于是忽略了一个重要的解释结果变量变动的来源。同时，对"同龄群体效应"（Cohort Effects）的分析也是生命历程研究中的一个重要内容。

出生和成长在不同历史条件下的不同队列的农村老年人及其子女，队列间在思想观念、行为习惯以及所面对的生活机会等方面均可能存在差异。本书在分别以老年人和子女为对象的研究中，均按照出生队列进行阶段性的划分。将老年父母依照 5 年为一个阶段划分为 6 个队列，成年子女依照 5 年为一个阶段划分为 7 个队列。

四　生命历程

生命历程理论来自社会学芝加哥学派对移民的研究，代表人物是托马斯（Thomas）和兹纳尼茨基（Znaniecki）等，20 世纪 60 年代后，又由雷德尔（Ryder）、里雷伊（Riley）等将之全面复兴，它侧重于研究剧烈的社会变迁对个人生活与发展的显著影响，将个体的生命历程看作更大的社会力量和社会结构的产物。所谓生命历程，是指"个体在一生中会不断扮演的社会规定的角色和事件，这些角色或事件的顺序是按年龄层级排列的"（Elder，2001）。

生命历程理论的基本原理大致可概括为以下四个方面。

1. "一定时空中的生活"原理（Historical Time and Place）。即个体在哪一年出生（出生组效应），属于哪一同龄群体，以及在什么地方出生（空间地理效应），基本上将人与某种历史力量联系起来。

2. "相互联系的生活"原理（Linked or Interdependent Lives）。人总是生活在由亲戚和朋友所构成的社会关系之中，个人正是通过一定的社会关系，才被整合到特定的群体的，每代人注定要受到在别人的生命历程中所发生的生活事件的巨大影响。

3. "生活的时间性"原理（The Timing of Lives）。生活的时间性指的是在生命历程中变迁所发生的社会性时间（Social Timing），它还指个体与个体之间生命历程的协调发展。这一原理强调了人与环境的匹配，生活转变或生命事件的发生对于某个个体的影响，取决于它们什么时候发生于这个人的生活中。

4. "个人能动性"原理（Human Agency）。人总是在一定社会建制之中有计划、有选择地推进自己的生命历程。个体具有主动性，利用所拥有的机会，克服历史与环境的制约，从而建构他们自身的生命历程。

年龄概念作为个体生命、家庭或社会与历史背景的联结点，是生命历程理论的核心概念。

五 社会性别与性别分工

性别与年龄一样，都是最根本的社会和文化范畴，性别通常与年龄相互作用，成为社会构成中最重要的两个基本维度。"社会性别"（Gender）的概念由斯托勒（Robert J. Stoller）和马尼（John Money）于20世纪60年代提出，区别于一般生理和自然意义上的"性别"（Sex）概念，它是指社会文化形成的对男女差异的理解，以及社会文化中形成的属于女性或男性的群体特征和行为方式（梁浚洁，2007）。"性别分工"（Gender Division）概念从广义上讲，是指建立在社会性别基础上为完成人类有关物质产品的劳动和人类自身生产劳动的制度安排。而家庭作为普遍的人类社会的制度，家庭内部的性别分工成为人类最初的也是延续至今最重要的分工形式。中国农村以男性为中心的父系家庭体系千百年来一直是占据统治地位的传统模式，这从根本上决定了农村家庭在婚姻形式、继祖与传宗、财产继承、居住安排、以性别和年龄为中心的家庭权力结构等方面存在深刻的性别差异（Skinner，1997）。中国农村家庭养老代际支持行为在老年父亲、母亲间及儿子、女儿间均存在着性别分工模式（宋璐、李树茁，2011）。虽然老年父亲和母亲之间并没有明确的分工界限，但是基于家庭中的照料角色和自身资源的缺乏，相较于老年父亲，老年母亲更依赖于子女，尤其是儿子的支持，也为子女做出了更多的"自我牺牲"。儿子仍然承担养老的主要责任，而女儿提供的补偿性支持较多。但是，劳动力外流促使子女，尤其是女儿的社会经济地位和在家庭中的地位发生变化，儿子和女儿在家庭养老中的性别差异逐渐缩小，有可能改变子女传统的代际支持性别分工。

第三节 研究目标与内容

本书是在中国社会经济转型时期，针对经济的发展、人口和社会的转型及大规模年轻劳动力的城乡迁移对中国农村家庭养老赖以存在的社会和文化背景带来的冲击，基于生命历程的视角，从个体、家庭、社会三个层面，深入系统地研究农村老年人家庭代际支持的年龄模式的现状及其影响因素，揭示当代农村老年人家庭各项代际支持的现实状况及动态发展轨迹。包括以下具体目标。

第一，在对已有国内外有关代际支持模式和年龄模式研究文献进行综述的基础上，结合中国特殊的社会、历史和文化背景，提出生命历程视角下，中国社会经济转型时期农村老年人家庭代际支持的年龄模式；在已有的代际支持的影响因素以及个体、家庭、宏观历史因素对家庭代际支持行为影响的研究结论的基础上，建立代际支持行为发展的分析框架，作为后续对中国农村老年人家庭代际支持年龄模式进行实证研究的前提和基础。

第二，对老年父母获得和提供的经济支持和器械支持以及老年父母与子女间情感支持发展的年龄模式的研究。研究在中国特定的社会经济转型和历史发展的背景下，从农村老年父母个体层面的角度研究代际支持水平在整个老年阶段的变动状况，分析个体层面上不同性别的老年父母获得和提供的代际支持水平变动的影响因素，建立不同类型代际交换的曲线发展模型，分别讨论老年父母的个体年龄及社会变迁的历史效应以及老年父母和子女的家庭生命阶段对老年父母层面代际交换水平的作用，进而描绘出当代中国农村老年人家庭代际交换在老年父母个体层面上的年龄发展轨迹。

第三，对成年子女获得和提供的经济支持和器械支持以及成年子女与老年父母间情感支持发展的年龄模式的研究。研究在中国特定的社会经济转型和历史发展的背景下，从农村成年子女个体层面的角度研究代际支持水平在整个中青年阶段的变动状况，分析个体层面上不同性别的成年子女获得和提供的代际支持水平变动的影响因素，建立不同类型代际交换的曲线发展模型，分别讨论成年子女的个体年龄及社会变迁的历史效应以及成年子女及其兄弟姐妹和老年父母的家庭生命阶段对子女层面代际交换水平的作用，进而描绘出当代中国农村老年人家庭代际交换在成年子女个体层面上的年龄发展轨迹。

基于研究目标，本书研究框架如图 1-1。

具体研究内容包括以下几点。

第一，对与本书主题相关的已有研究进行总结、归纳和评述。引进西方

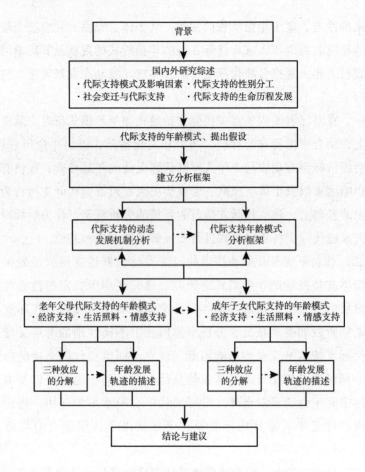

图 1 - 1 本书研究框架

代际支持的三种模型和中国学者提出的代际支持模式；介绍已经在国内外研究中得到证实的代际支持的个体、家庭和社会层面的影响因素；总结和评述国内外代际支持研究进展，指出存在的不足和研究空间；鉴于对代际支持动态发展规律及其年龄模式研究的不足，引入生命历程理论和解释模型，介绍国内外对年龄因素的研究，指出代际支持年龄模式的研究空间，为后续的研究奠定研究基础。

第二，在评述现有研究、明确本文研究空间的基础上，结合中国独特的社会、历史和文化背景及家庭养老的现状，引入生命历程理论的研究视角，提出关于中国农村老年人家庭代际支持的年龄模式分析框架。通过对于代际支持所存在的个人层面、家庭层面和社会层面的空间特征的分析，以及对于老年父母、成年子女（个体及其兄弟姐妹）和孙子女这三类家庭代际支持主体成员相互作用的分析，从个体时间、家庭时间和历史时间多个时间维度上分析了个体层面代际支持的动态发展机制，分析家庭成员间在代际支持方面的相互作用关系，分析队列效应、年龄效应和家庭成员所处的家庭生命阶段效应的作用，分析代际支持在生理、家庭和历史三个时间维度上的特征，结合已有研究的不同性别的代际支持行为影响因素，提出基于生命历程理论的代际支持年龄模型，建立代际支持的年龄模式分析框架，指出验证模型的思路。

第三，下面根据分析框架建立多层曲线发展模型对代际支持年龄模式和分析框架中包含的关系进行验证，分别从老年父母和成年子女的角度分析其获得和提供代际支持的年龄模式。本书根据代际支持的内容划分分别对代际支持进行分析。在对经济支持、生活照料和情感支持的分析中，前两项内容既包括了子女对老年父母的支持，也包括了老年父母为子女提供的帮助，其中老年父母及成年子女的年龄和队列的影响分别验证了有关个体生理时间和历史时间效应的假设，同时，本书还考虑了上述两者的交互效应。首先建立曲线增长模型，分析老年父母角度的代际支持年龄模式。在该项以老年父母为研究对象的框架中，老年父母及其儿子、女儿的生命阶段变量的影响反映了家庭时间的效应，同时也是对老年人、子女及其孙子女三代家庭成员间相互依赖和影响机制假设的验证，模型在对老年父亲和老年母亲分别进行构建的同时，将儿子和女儿各自的生命阶段变量效应也加以区分，其结果可以验证有关个体代际支持年龄模式及其三种效应作用的性别差异的假设。这部分内容分析了年龄、队列和家庭生命阶段这三个主要因素对不同性别的老年父母代际支持水平的影响，描绘老年父母的各项代际支持年龄发展的总体关系曲线（Total Association）；分析影响老年父母代际支持水平的个体年龄效应、历史效应，以及家庭生命阶段效应的作用，并在此基础上描绘出老年父母个体层面各项代际支持水平的年龄发展轨迹。

第四，建立曲线增长模型，分析成年子女角度的代际支持年龄模式并验证假设。分析年龄、队列和家庭生命阶段这三个主要因素对不同性别的子女代际支持水平的影响。在这部分以成年子女为研究对象的框架中，老年父母、成年子女本人及其兄弟姐妹的生命阶段变量的影响反映了家庭时间的效应，同时也是对老年人、子女包括其兄弟姐妹及孙子女三代家庭成员间相互依赖和影响机制假设的验证，模型分儿子和女儿分别进行构建，其结果可以验证有关个体代际支持年龄模式及其三种效应作用的子女间性别差异的假设。基于模型的实证分析结果，分析影响成年子女代际支持水平的个体年龄效应、历史效应以及家庭生命阶段效应的作用，描绘出了当代中国农村老年人家庭中，成年儿子和女儿个体的代际支持水平在其整个中青年阶段的年龄发展轨迹。

第五，本书的结论和展望。这部分主要是对中国农村老年人家庭代际支持年龄模式及其运作机制进行总结，指出未来的社会转型和变化进程中农村老年人家庭代际支持行为的变化趋势及其对老年人和子女福利的影响。最后指出未来的研究方向和有待于进一步分析的问题。

本书使用的数据来自西安交通大学人口与经济研究所对安徽省巢湖市农村地区进行的"安徽省老年人生活状况"基期抽样调查和在此基础上的三次跟踪调查。该调查的主要目标是了解农村老年人的家庭代际关系、生理和心理健康状况，并且在 2001 年基期调查完成后，采用同样的问卷于 2003 年、2006 年和 2009 年对被访问对象进行跟踪调查。四期跟踪调查旨在测度农村家庭养老方式下的家庭代际支持分工，子女的外出引起的代际支持模式和数量的变化以及该变化对老年人生理和心理健康状况的影响。

本书将管理学、社会学与统计学研究相结合，依据生命历程理论的研究范式构建老年人家庭代际支持年龄模式的分析框架以及分析过程，以统计分析方法验证假设。由于对老年人的多次追踪调查数据嵌套于老年人，因此采用两层线性回归模型对老年父母层面的代际支持行为的年龄模式进行分析；而对成年子女的多次追踪调查数据嵌套于子女，而同一个老年人（即同一个家庭内）的子女嵌套于家庭，因此采用三层线性回归模型对子女层面的代际支持行为的年龄模式进行分析。

第二章　国内外相关研究评述

第一节　家庭代际支持领域的研究

一　代际支持的机制研究

代际支持研究最初源自西方公共政策角度的社会资源再分配，它从经济交换角度根据代际交换的动机和规则区分不同代际支持模式，用以描述代际财富资源流动，为国家制定社会财富再分配的福利政策提供参考。随着人口年龄结构的变迁和平均寿命的延长，不同年龄阶段的代际资源交换问题成为多个学科共同关注的重要问题。宏观经济学、公共政策和法律等学科注重关注公共社会保障、养老金和医疗保障等社会制度所导致的公共资源从年轻一代到年老一代的转移；而微观经济学、社会心理学和社会学等领域的研究为微观层面扩展家庭（Extended Family）内代际交换动机的解释提供了互补的视角。对代际交换的动机和行为的认识对于公共政策的制定有重要的启示，其目标是：借助公共资源的转移为老年人提供有效的养老保障的同时，又不至于消减家庭内的代际交换。因此，公共领域和私人领域的代际交换和转移并不是互相排斥的，而是互相支持、互相促进的（Ihori，1994）。限于本文的研究主题，本章后面的综述集中于微观层面上扩展家庭内的代际支持。

来源于古典微观经济理论中理性选择的交换模型假定个体行为倾向于以最小的投入获取最大的回报（Becker，1974）。在有关代际支持双方的经济收入与交换水平之间关系的讨论中，依据不同的行为准则构成了代际支持的几种不同模式。在社会学和社会心理学的研究中，家庭内的代际支持往往被视为家庭成员所拥有的更广泛的社会支持（Social Support）的一部分，同时也作为家庭关系（Family Relationship）和代际关系（Intergenerational Relationship）的一部分加以讨论，社会学和社会心理学除了家庭代际交换动机和机制外，更多地关注代际支持如何影响支持提供者和接受者的福利后果以及家庭关系。这些研究中，利他性（Altruism）和交换行为（Exchange）被视作两类最主要的交换动机。除了西方学者建立的理论模型之外，中国学者也结合经济学和社会学的有关理论，从中国特有的社会文化背景出发，对中国家庭养老方式下的代际支持动机提供了不同的解释。

代际交换所涉及的"资源"主要包括三种类型：金钱、时间和空间资源。其中，"金钱"这一资源类型中除了现金外，还包括实物、财产或遗产。该类经济方面的代际交换是早期相关研究的主要内容（Glick，1999；McGarry 和 Schoeni，1997）。而"时间"这一资源类型则包括两类：器械支持和情感或心理支持，但不同的研究对此所涵盖的具体内容不尽相同。例如，Walker 和 Pratt 将时间作为一种资源类型，测量了成年女儿和母亲之间的器械和心理支持（Walker 和 Pratt，1991），在此研究中的器械支持包括以下八种类型：购物、家务、金钱管理、做饭、家庭外事物、个人照料、财务及机构交涉方面的帮助；而心理支持包括三种类型：心理支持、休闲活动和联系（Contact）。而在另一项涉及时间资源代际转移的研究中，支持类型被划分为五种类型：做饭、购物、交通、洗衣、打扫和情感支持（Veevers 和 Mitchell，1998）。"空间"资源是指家庭成员间和代际间能够共享的房屋或居所。有关空间资源代际转移的研究集中在对于代际同住和居住安排的内容上。研究表明，老年父母搬去与子女一起居住和子女搬去与老年父母一起居住这两种情况都存在，但子女的需求和状况是决定代际是否同住的主要因素，父母倾向于为经济状况不好或离婚的子女提供住处（Ward 等，1992）。

自 20 世纪 90 年代开始，代际支持的理论研究在世界上各个国家普遍展开。结果表明，合作群体和交换模型能够更好地适应农耕社会或者父权特征明显的社会（宋璐、李树茁，2011）。在中国大陆以及中国台湾的城市（Sun，2002b）和农村（Lee 和 Xiao，1998）所开展的相关研究，结果均支持了该模型对于中国家庭的代际支持具有较强的解释力。在中国农村家庭的代际交换方面，针对农村年轻劳动力外流严重的现实状况，结合中国家庭养老文化和中国农村独特的社会背景，学者们对传统的代际交换合作群体模型进行了改进（张文娟、李树茁，2004c），并进而以性别角色和分工补充了养老责任内化对子女养老的约束机制，建立了家庭代际支持的性别分工模式，完善了已有的中国农村老年人家庭代际支持的合作群体模型（宋璐、李树茁，2008b）。这些研究结果均表明家庭代际支持是权力－协商、互惠动机和利他动机相互作用的结果（Secondi，1997；Silverstein 等，2007b）。

上述总结的研究主要是以"代"模型为基础进行的静态机制的研究，模型中所纳入的均是主体的属性变量或其变化。代际模型是当代社会研究中常用的一种工具，它的出现促进了美国 20 世纪 60 年代社会化和社会适应的研究，同时也被大量运用于社会、家庭的变迁方面。上述这些关于代际支持机制的研究能够帮助我们理解代之代之间为什么会通过资源的交换提供相互的支持，代际支持为什么是这种水平和为什么出现一种水平向另一种水平的变化，以及父母与子女特征、居住安排与家庭结构等影响因素对代际交流的作用。但是，由于代际模型主张个体的生命历程是一种代际的重复，有固定的周期和转折点，但不能够反映和解释家庭代际支持水平的历时性变化规律。因此，无法反应代际交换行为时间维度上的特征和其动态的发展规律。

二　家庭与代际支持历时变化的研究

按照 Merton 的划分，家庭生命周期理论和生命历程理论构成了对家庭变化进行研究的两大"总的方向"（Merton，1957）。从 20 世纪起，随着家庭生命周期理论的提出，兴起了对家庭变迁动态过程的研究热潮，取代了之前的研究将家庭视为静态实体的做法。最初关于家庭发展的研究源自针对贫困及其政策等问题的研究。20 世纪初，Rowentree（1901）和 Loomis（1934）对大萧条期间高失业率的研究，证明了家庭人数和年龄构成的变化会带来其陷入贫困的风险的变化，在养育孩子期间及孩子离家后留下老年父母的阶段，家庭陷入贫困的可能性最大（Aldous，1990）。家庭生命周期理论是从家庭发展的视角来对家庭单位及其从建立到解体可能发生的变化进行研究，其为家庭的变化过程建立起时间表，有助于从个体生命和家庭自然发展的角度来理解家庭结构变迁和家庭成员之间的关系等问题。20 世纪 70 年代起，生命历程理论由个人角度出发对家庭变迁进行系统研究的路径为学者们所广泛推崇，对上述家庭发展研究策略构成了挑战。生命历程的时间观考虑到了家庭成员所处的不断变化的社会背景，适宜 20 世纪西方国家所面对的越南战争以及妇女和少数民族权利运动高涨下动荡的社会背景，使得研究从对家庭周期的简单观察转为对家庭成员个体随着时间的推移而发生的变化，其重点是在家庭或其他组织背景下的人与人之间的相互作用，从而去研究个人、家庭和社会三个层次变迁的关系。这种由家庭需要出发的不规律的个人生命周期到由个人决定与自己的年龄相适应的生命周期是很大的历史性变化，而过去几个世纪的最显著变化正是生命周期的日益个人化。其研究也重点考察了在特定历史背景下不同的生命事件及其在个人生活中发生的时间是如何影响家庭的。

家庭周期理论开启了家庭研究中对家庭的历史阶段进行研究的新视角。根据研究者研究目的的不同和所关注的具体问题，家庭生命周期划分的一般标准包括：家庭规模、最大（最小）子女的年龄、家庭经济供给者的工作状态、家庭成员面临的主要发展任务等（郭平，2009）。例如，Duvall 和 Hill 在研究家庭贫困风险时，就根据当时的社会状况，将其最初提出的"家庭生命周期"的 9 个阶段进行了时间维度上的修正，将家庭中年龄最大的孩子入学以及家庭经济收入者的退休考虑在内（Duvall 和 Hill，1948）。在对孙子女照料的研究中，Cherlin 等提出，在祖父母的生命周期中照顾孙子女的行为可能消退和再次出现，孙子女成年后会逐渐脱离其祖父母的生活，但当孙子女结婚和有了子女之后，双方的关系会再次得到加强。这种模式表明祖父母和孙子女之间的关系可能在整个生命历程中遵循一个循环模式，早期的紧密联系会在这种关系的后期得到重建（Cherlin 和 Furstenberg，1986）。Stoller 比较了子女的婚姻状况和为父母提供照料之间的关系，结果表明：已婚的子女比未婚的子女提供的照料要少（Stoller，1983）。在国内，伍海霞以中国农村已婚妇女为研究对象，利用初婚、第一个孩子出生、第一个孩子离家、最后一个孩子离家和丧偶时妇女的平均年龄依次确定家庭形成期、抚育期、收缩期、空巢期和解体期的始末时点，对社会转型时期农村家庭生命周期的现状及影响因素进行了实证研究（伍海霞，2010）。杜鹏研究发现，自 20 世纪 50 年代至 80 年代初期，农村家庭生命周期经历了一个逐步缩短的过程（杜鹏，1990）；徐安琪、叶文振通过对微观入户调查数据的定量分析，揭示了家庭生命周期对夫妻冲突的实际影响，结果表明：在婚姻生活不同时期，夫妻冲突的发生率呈倒 U 形曲线变化（徐安琪、叶文振，2002）。在对河南省东部农村地区婆媳关系与年龄相关关系的研究中，学者王德福提出一个"角色预期－人生任务－生命周期"的框架，以此展现婆媳关系形态与时代变迁及其生活场域的关联（王德福，2011）。虽然截至目前，直接使用该理论对代际支持行为在家庭各生命阶段间的变动进行量化实证的研究并不多，但其内容中按重要的生命事件划分家庭的生命周期、强调各个周期内家庭及其成员有不同的发展任务、满足不同发展需求的思路可以为代际支持的历时动态研究所借鉴。生命周期理论从诞生之日起，至今仍受到不少学者的质疑，主要包括：①该理论的提出是跨学科的产物，由于生命周期这一概念是从儿童和个性心理学借用而来的，因此包含了再生产和世代的含义，带有不可避免性、无差异性和决定论的内涵。②家庭生命周期的分析单位是家庭，更确切的是与群体，而非与个人相联系，掩盖掉了家庭成员个体的影响，因此存在分析层次上的问题（李强等，1996）。③该理论仅仅用人口学的框架去构建家庭时间表，因此未能将家庭事件受到历史背景的影响考虑在内（Aldous，1990）。因此，在今天，多数研究者更倾向于使用生命历程的理论分析范式。

与上述家庭变化的研究视角相适应，针对家庭及微观代际关系和代际支持历时变化的研究也经历了一个从宏观的家庭结构、社会变迁影响的讨论，到个体家庭层面再深入至个人层面的过程。就宏观层面的讨论而言，随着西方国家现代化的进程和个人主义价值观的盛行，离婚、再婚、非婚同居、跨国婚姻等现象的增长带来法律意义上家庭纽带的扩张，改变了传统意义上"家庭"的定义，同时伴随着人口寿命的延长和生育率的降低，给家庭代际关系结构带来以下三种类型的扩张（Antonucci 等，2007）。首先，代际关系结构在垂直方向上的扩张。总体上说，家庭结构变动的趋势是同一时间存在的"代"的数目在增加，但每一"代"中的成员数目在减少，Bengtson 等学者将之称为"瘦杆型家庭"（Beanpole Family）[对应于"金字塔形家庭"（Pyramid Family）]。一个家庭同时可能包含着三代到四代人，造成代际价值观距离的拉大，可能带来更多的代际冲突。例如 Ajrouch 研究了家中有教育程度更高的子代（孙代）对代际支持和老年人福利的影响（Ajrouch，2007）。其次，代际关系结构在水平方向上的扩张，指各代人的婚姻、离婚和再婚使家庭网络中包含了更多数目的非血缘亲属。Ruiz 和 Silverstein 指出，在这类单亲家庭中祖父母提供的代际支持对于孙子女而言是重要的资源（Ruiz 和 Silverstein，2007）。最后，全球化给代际关系结构带来的扩张。全球化的增长通过人口迁移流动的增加、跨洲的收养行为及跨国婚姻的增加等方式给代际关系带来影响。尽管许多有关扩展家庭的研究已经表明家庭联系仍广泛存在，父母和子女有经常的联系和相互的支持交换（Mancini 和 Blieszner，1989），但家庭支持已经"解体"的观念仍然存在于西方世界大众和专家的意识中（Aboderin，2004）。由于概念测量和数据的困难，国内外直接体现社会变迁对代际支持影响的直接实证并不多，学者 Silverstein 等人利用1990～1995 年收集的英国威尔士地区和美国洛杉矶地区以及全美的有关老年人与成年子女的代际关系数据进行了跨国家、多样本的研究，老年人样本是针对85 岁以上的高龄老年人。与美国相比，威尔士被认为是更加传统和乡村化的地区，预期的威尔士和美国父母之间代际关系的差异将被用于证实现代化理论。可是，与预期的相反，研究仅观测到很少的不同（Silverstein 等，1998）。荷兰学者利用1992 年和2002 年所进行的纵贯调查数据，基于生命历程视角分析了荷兰宏观社会结构的变化对中老年父母（平均年龄60～70 岁）与子女之间的接触频率和代际支持交换的影响。结果表明，较晚出生队列的父母与子女之间有着更多的接触频率和支持交换，表明家庭的重要性并没有随社会变迁而下降。而从时间纵向上来看，父母与孩子之间的接触频率和支持交换水平下降了，表明处于家庭"空巢"期的父母与子女在代际关系上投入了较少的时间（Pas 等，2007）。

随着近几十年来中国社会变迁脚步的加快，从 20 世纪末开始，尤其是进入21 世纪以来，国内人口学、社会学在家庭研究领域的研究成果的突出标志是，越来越多的研究关注了转型背景下的中国社会家庭结构的变动及其给家庭代际关系带来的影响。被普遍接受的观点是：家庭结构的小型化和核心化（曾毅、梁志武，1993；王跃生，2006a，2007，2010b）；家庭作为经济单位生产功能的减弱，情感满足功能的增强（柴定、程启军，2002；廖小平，2005）；家庭关系从亲子主轴转向夫妻关系主轴，女性权力上升，性别间趋向于自由平等（柴定红、程启军，2002；胡亮，2004；潘鸿雁、孟献平，2006）。王树新在《社会变革与代际关系研究》一书中，将中国的社会变革归结为以下几个方面：文化、人口和生育政策的变动、性别角色的变动、家庭类型的转变、居住方式和婚姻形式的变动、代际在受教育水平上的差异、老年人健康状况和人口迁移方面的变动，并分别讨论了这些方面的变动给代际关系带来的影响，认为代际关系的新走向的特点是：分而不离、更加民主平等和理性化以及重心下移（王树新，2004）。针对 20 世纪 80 年代末出现的农村年轻劳动力大规模迁往城市的现象，不少学者研究了劳动力外流对农村老年人家庭代际交换造成的影响，认为社会变迁导致了农村老年人可获得的养老资源减少，弱化了家庭养老的功能（Cogwill，1974；Goode，1970；Silverstein 等，2006；Silverstein 等，2007b；杜娟、杜夏，2002；乔晓春，2000；张文娟、李树苗，2004a，2004b；张烨霞等，2008）。

　　真正做到在个体层面上探讨家庭与代际支持的历时变化的是生命历程理论，其主要的创立者埃尔德（Elder）对生命历程的定义是"个体在一生中会不断扮演社会规定的角色和事件，这些角色或事件的顺序是按年龄层级排列的"（Elder 等，2003）。显然，它基本是个体层次的概念。同时，埃尔德也强调："年龄、成长和死亡这些生物意义在生命历程中是由社会建构的，年龄层级表达的也是一种社会期望"（埃尔德、葛小佳，1998），也就是说生命历程虽然是一种基于个体水平的定义，也与家庭、经济、政治中的社会过程相联系。已有的研究从内容上来看，与本研究相关的实证研究大部分是以代际关系的质量（Kaufman 和 Uhlenberg，1998；Shapiro 和 Cooney，2007）、心理状况（Miech 和 Shanahan，2000）和观念变化（Gans 和 Silverstein，2006）为主题，而直接针对代际支持行为进行的研究非常少见。Lynn White 利用全国性的面板数据，对影响兄弟姐妹间的互助行为的老化（Aging Effect）和家庭生命历程效应（Family Life Course Effects）进行了讨论，结果表明两种效应共同发生着作用（White，2001）。Wethington 等研究了父母–子女关系质量与婚姻历史和生命历程阶段的关系问题，重点讨论了"父母与子女的关系的质量如何随父母生命阶段的变化而变化"以及"婚姻转变（如离婚、同居、分离）和随之产生的家庭结构的变化对父母子女关系质量产生影响"这两个问题，该研究对家庭生命阶段（Family Life Stage）的划分包括四个阶段。①开始阶段。有至少一个学龄前儿童。②早期阶段。最小的子女在小学年龄。③后期阶段。最小的子女在 20 或 20 岁以下。④子女成年阶段。"空巢"或者只有一个超过 20 岁的子女在家居住（Wethington 和 Dush，2007）。Cooney 和 Uhlenberg 运用全国家庭调查的数据，对子女从成年早期到中年期的接受父母代际支持的变化情况进行研究，关注对代际支持和其主体的年龄之间的关系的同时，也关注了与子女接受代际支持的变化相关的父母和子女的生命历程因素。总体上，子女在 20 多岁时从父母处所得到的代际支持量没有很大变化或轻微上升，子女 30 岁之后所有类型的代际支持都在下降。然而下降的模式随代际支持类型的不同而不同（Cooney和 Uhlenberg，1992）。Crosnoe 等应用两期纵贯数据，对孙子女的上大学、结婚、生育和工作这四项生命转变（Life Transition）的发生对祖父母和孙子女之间代际关系的影响进行了讨论（Crosnoe 和 Elder，2002）。已有的研究对个体层面因变量的历时变动轨迹的研究同样较为忽视，少数的几项研究包括 Spanier 等对比了美国妇女的婚姻及生育事件所发生的年龄在队列、教育、种族之间的差异（Spanier 等，1985）。Silverstein 等从生命历程视角强调了代际交换中互惠行为的动力因素，利用历时 26 年的纵贯数据所建立的多层线性发展模型（HLM），探讨了父母在子女十几岁时的感情、时间和经济方面的投资如何影响子女到了中年时为父母提供支持的倾向性（Silverstein 等，2002）。在他的另一项研究中，利用同样的数据和类似的模型，讨论了个体的发展与成熟、历史与家庭代际位置（Generational Position）对成年子女对照料其老年父母责任观念的影响机制，在模型结果基础上描绘出了成年子女18～88 岁的孝道责任观念的发展轨迹（Gans 和 Silverstein，2006）。

三　研究概况评价

总结本节对家庭代际支持领域研究现状的分析，可以看出，个体层面代际支持动态发展规律的研究方面存在广阔的研究空间。当前，国内外家庭代际支持领域研究的不足主要表现在以下四个方面。

（一）对代际支持动态发展机制的研究不足

目前的研究主要基于"代"的模型，致力于寻找代际静态的资源交换动机和因素。这种讨论固然重要，但也造成目前的代际交换研究对时空位置与重要性不够敏感，限制了在剧烈变迁的社会中，对代际交换的多元性和丰富性的发现。

（二）对个体层面的代际关系和代际交换的规律把握不足

目前的研究过分强调了家庭的结构及其集体性，人口学家偏重对普查等大型数据库加以开发，以便把握老年人的基本生存状况，但总体上仍是以宏观层面上对社会变迁和家庭结构的讨论为主。这一问题在国内的研究中尤其明显。学者们已经认识到，现代化进程与国家的政策和体制的变迁摧毁了传统的家庭和私人生活结构，促成了农民私人生活和亲密关系的变革（阎云翔，2009），非集体化之后的中国农民从未像现在这样作为个体彰显自我的主观能动性，书写独特而与众不同的个人经历。虽然研究中国老年问题的成果汗牛充栋，但长期以来，"家庭"往往是相关研究的最小单位，个人只是构成"家"的面目模糊的基石，个体层面上的深度分析受到限制。

（三）对代际支持发展动力机制的认识缺乏宏微观视角的整合

目前的研究对社会、家庭和个体几个层面的代际支持发展动力的解释已得出部分的经验总结，并在一定程度上达成共识，但缺乏相关的理论框架对这些视角加以整合，达到对代际支持整体发展动力机制的系统认识。

（四）对代际支持行为变动的实证研究不足

总体上看，已有的研究内容上偏重家庭结构、文化、观念上的变动研究，国外的研究在生理和心理健康、观念变化等方面已经有了比较成功的生命历程研究范式的应用，但仍然缺乏对代际支持行为的实时发展规律的认识。国内的学者近年来开始重视对"变动"议题的讨论，但研究路径和内容多集中于：①以普查数据为主对家庭结构、家庭功能和居住形式的分析。②使用个案访谈、田野调查和定性研究的方法，揭示农村老年人生活状态和场景的细部特征，探讨社会文化、个人价值和孝道责任观的变化。③利用小规模局部调查考察当代农村家庭代际关系的基本表现、代际关系特征和变动趋向。

第二节　相关理论

一　微观层面的交换理论和代际模型

（一）"利他（Altruism）"和"互惠（Reciprocity）"的概念

利他是指"为他人而不是为自己而获取正向产出的社会行为"（Rushton，1982）。代际交换中的利他动机使得代际交换的提供方纯粹从接受方的福利考虑提供帮助，而不期望相应的回报（Cox，1987）。这个概念强调代际交换无条件地由潜在的支持接受者的需求所决定，可以解释为什么没有得到或只得到父母少量培养和帮助的成年子女也会向父母提供支持。"互惠"作为一种长久以来的社会规范不仅被用来解释宏观的社会生活，也被用来理解私人领域人与人之间的资源交换行为。

Becker对"互惠"的定义是：一种有关过去行为的道德责任。他认为在所有的社会事务中接受帮助的一方都具备这种责任感，但互惠规范依时间、地点和文化的不同有具体灵活多样的表现形式（Becker，1986）。Sabatelli 和 Shehan 在分析"互惠"概念时指出：互惠动机下的资源转移中隐含着提供方得到回报的心理期待。这种回报可能即刻兑现，也有可能在未来兑现，同时某种类型资源的付出有可能以其他类型的资源形式得到回报（Sabatelli 和 Shehan，1993）。这些观点在已有的关于代际交换的文献中均得到了证实，例如，成年子女在生命早期得到父母的经济帮助与他们在父母老年之后给予父母的经济回报量成正比（Henretta 等，1997）。在山东省的调查分析结果表明，成年子女给予老年父母的经济支持水平可以用互惠的概念加以解释，其水平的高低与老年父母给予子女的不同类型支持（如孙子女照料和家务帮助）水平呈正向相关关系（Yang，1996b）。

"互惠"的概念经常被假定为基本的行为规范，从交换（Exchange）的理论视角对代际交换行为加以解释。交换理论强调代际交换的提供方是为了换取接收方其他的资源而为其提供帮助。在对代际交换行为的实证研究中经常将"利他"和"交换"对立起来进行对比，相关的研究结论并不一致。例如，McGarry 发现"利他"比"交换"动机能够更好地解释老年父母和成年子女间金钱方面的互助行为（McGarry 和 Schoeni，1997），西方和亚洲国家包括中国进行的大量研究都发现需求原则导致了代际经济或时间/劳动的转移（Laitner 和 Juster，1996；McGarry 和 Schoeni，1995），那些年龄更老、丧偶、女性、社会经济状况差和农村地区的老年人更加需要子女的支持（Beckett 等，2002；Hermalin 等，1992；Lee 等，1994；Lee 和 Xiao，1998），相应的，老年父母给那些健康或经济状况差的、更有需要的子女以更多的帮助（Biddlecom 等，2002）。然而 Cox 等在美国的研究（Cox，1987；Cox 和 Rank，1992）以及 Lillard 等在马来西亚（Lillard 和 Willis，1997）的研究结论则正好与上述相反。更多的学者认为两种动机在代际交换中同时存在，Hogan 等在对美国家庭的研究中发现父母在健康状况差时以及有年幼子女时得到更多的代际帮助，女性和男性得到利他性的帮助一样多，女性之所以得到和付出的代际支持水平多于男性，是女性从事代际资源交换性的行为多于男性（Hogan 等，1993）。Secondi 也认为利他和交换的概念可以同时用来理解中国农村家庭的经济交换行为，代际经济支持主要流向老年父母，而照料孙子女是其获得经济支持的主要交换方式（Secondi，1997）。

（二）代际支持模型

西方学者对老年人家庭代际支持的理论解释主要有以下三种。

第一种是权力与协商模型（Power and Bargaining Model），最早由 Good（1970）提出，该模型认为父母和子女两代人根据各自掌握的资源能力的不同，而在彼此关系中面临权力和依赖的转移，一方的依赖性就是对方控制力的来源。随着社会和经济的发展，老年父母往往发现他们逐渐地失去土地、家庭生意的控制权，所拥有的技能也落伍于时代所需，因此失去了经济控制权，进而难以得到子女的服从和支持（Lee 等，1994）。通过现代教育以及媒体的影响，尤其是当子女离开农村的封闭环境来到发达的地区接受教育或工作之后，子女的思想会受到个人主义的价值观影响。因此，为了得到子女的支持和付出，父母只得通过做出未来遗产分配等方面的承诺与子女商议（讨价还价）。如果老年父母在获得支持上有更大的选择余地（比如有更广泛的社会支持网络）或有更好的经济实力资助子女，则在代际关系上拥有更多的权力（Molm 等，2000）。

第二种是互助/交换模型（Mutualaid/Exchange Model）。交换理论对代际支持的分析最早始于微观经济交换理论对家庭遗产继承方面的分析（Bernheim 等，1985；Cox，1987），而社会学家则在此基础上进行了扩展，提出交换的不仅仅是经济方面的资源还包括有价值的时间和情感。除此之外，社会交换理论不再只关注于交换本身，而是将交换双方的关系、交换的历史以及双方的依赖关系加以深入探讨。自从 20 世纪 80 年代被提出至今，大量研究采用社会交换模型作为理论框架，对各种情境下代际交换的发生、结构和模式等问题进行过研究（Eggebeen 和 Hogan，1990b；Hogan 等，1993）。该理论模型强调代际支持是互惠基础上的资源交换行为，子女给予老年父母的帮助是基于过去父母给予他们的投资。那些得到父母更多帮助的子女，比如那些受教育程度更高以及得到父母更多经济支持的子女更有可能为父母提供支持。该理论假设只有当交换的双方都认为潜在的收益大于成本时，交换才会发生，强调代际交换的双方既是资源的接受者也是提供者，所以并不考虑代际支持中情感、孝道观念等非理性因素的作用。

第三种是合作群体模型（Corporate Group Model）。该理论认为，不同家庭成员之间（尤其是代际关系）存在有效的利益共同性，家庭成员间的关系犹如合作群体，跨越时间的契约是可以保证得以实施的。模型指出，家庭成员的行为以个人利益最大化为原则，由一位公正的家庭成员（通常为家庭中的年长者）控制并且有效分配家庭资源，达到家庭成员福利最大化（Becker 和 Tomes，1979）。家庭成员间的关系犹如合作群体，所有资源被集中并有效分配，以保证每一位家庭成员的生存。家庭的资源分配达到帕雷托最优，即不存在任何一种以不降低其他成员的福利为前提的，改善某个成员福利的资源重新分配方案。年轻的家庭成员会为老年人提供更多支持，保持家庭的整体性和成员的利他性行为准则。该模型也认为，无论他们是否提供回报，家庭内最需要帮助的人（通常是最年长者）得到的支持最多。

从代际交流所依据的原则来看，经济学的视角强调根据家庭内部的资源配置原则——个体福利或者整体福利的最大化，将支持或者帮助纳入交换范围凸显了文化特色，比如中国学者强调的"血缘、亲情"等情感因素。社会交换理论虽然与经济交换理论有所不同，但二者都假定社会关系由一种互惠（Reciprocal）模式所支配。利他合作群体模型和互助/交换模型之间的共同点在于，这两个模型对利他概念进行了改进，调和了极端的利他和极端的自利（Self）之间的差别，转而强调家庭内的代际合作对彼此都有利的方面（Lucas 和 Stark，1985）；二者的区别在于，互助/交换模型虽然将资源从物质扩展到了情感和其他社会支持等方面，但仍延续了经济学中的理性人假定，而实际上代际交换不可能完全建立在理性决策的基础上，家庭生活当中往往带有情感和个人偏好的因素，而利他合作群体模型则较多地考虑了利他和各方面的需求所起的作用。

从时间的角度来看，合作群体模型对于跨越时间的长期资源交换行为的解释比较有利，而互助模型更善于解释对双方均有利的短期资源交换行为。Silverstein 曾提出三个模型来解释父母早期的投入对子女在他们晚年时所给予的回报之间的关系。模型中来自子女的支持被界定为：①对于父母早期投资的回报；②父母老年需要时的一种保险政策；③子女的利他及其他非互惠的动机。前两个投资和保险模型都是基于滞后的、互惠的动机。投资模型在早期给子女的转移无条件得到回报时适用，保险模型在早期给子女的投入只有在父母需要子女支持、得到回报时适用。利他及其他非互惠的动机在子女小的时候给父母提供帮助很少但子女在父母年老时仍然帮助父母时适用（Silverstein 等，2002）。

在中国家庭代际交换的实证结果方面，Secondi（1997）对中国农村家庭内部的经济交换模式进行的实证研究表明，利他性（Altruism）和交换（Exchange）行为同时存在于家庭的经济交换中。Lee 和 Xiao（1998）研究了中国城市和农村家庭中子女为老年人提供经济支持的影响因素。Lee 等（1994）对台湾家庭中夫妻双方对各自父母的经济支持进行研究后指出，合作群体模式更适合于解释台湾家庭的代际支持模式，但是家庭中夫妻双方对用于支持各自父母的资源的分配更接近于权力与协商模型。Sun（2002a）分别从子女和父母的角度考察中国当代城市家庭中的经济交流、生活照料等活动。张文娟（2004）从子女和父母两个角度对中国农村老年人代际支持进行静态和动态的研究揭示，以道德约束代替资源控制权对子女约束的改进后的合作群体模式更符合中国现今农村家庭的代际支持模式。而 Silverstein 等人（2007a）对于中国农村有孙子女照料的老年家庭中的经济支持、劳务帮助和生活照料的研究则发现，现实中家庭代际转移是权力－协商、互惠动机和利他动机相互作用的结果。

二　中观层面的三项理论

（一）现代化理论（Modernization Theory）

现代化起源于 15 世纪和 16 世纪的欧洲，但现在已经成为全世界的现象。20 世纪 50 年代，美国一批社会学家、经济学家和政治学家相继开展了现代化研究。"现代化"具有两个基本词义：①成为现代的、适合现代需要；②大约公元 1500 年以来出现的新特点、新变化。从词义上讲，"现代的"及其延伸词义是一个时间向度上的词，具有时间的分解性，是相对于"过去"的。直到 20 世纪中期，这一词语变成了由"农业文明"向"工业文明"转变的意义，这种词义的转变是对历史时间的重新界定（刘德寰，2007）。现代化的主要特点是工业化、专业化、城市化、福利化、流动化、民主化、法治化、世俗化、信息传播和普及初等教育等。

从时间划分的角度，现代化理论对老年人地位的变化作了现代化前和现代化后的区分，暗示"前现代社会"是"老年人的天堂"。大多数研究对于现代化给老年人带来的影响持悲观的态度，认为现代化带来了对老年人的歧视（Ageism）（Chiu 等，2001；Palmore，1990）、家庭内与老年人的冲突（Williams 和 Nussbaum，2001）、子女与父母居住距离的拉大（Chattopadhyay 和 Marsh，

1999）以及核心家庭的增多和对传统社会规范的侵蚀等（Savelsberg，2002）。社会学中的结构－功能理论（Structural-functionallist）认为，现代化带来了社会结构的变化和社会变迁，主要包括工业化、城市化和妇女更多地参与雇佣劳动（Dioale 和 Seda，2001），削弱了人们对于孝道规范的接受程度，降低了对孝道责任的履行（Cheung 和 Kwan，2009）。在中国，现代化进程的大背景下，孝道如何实践的问题也受到了广泛的关注（Zhan，2004）。普遍接受的观点认为，在传统的农业社会与东方社会，孝道与代际支持相对更加流行（Ishii-Kuntz，1997）。西方国家的子女与父母的代际器械支持和情感联系正在衰落（Silverstein 等，2003），如果现代化是其衰落根源的话，那么在中国也会出现类似的情况。孝道的负面影响在中国的研究中得到了一定程度的印证（Sheng 和 H. Settles，2006；Silverstein 等，2003）。例如，在成年子女工作后居住地远离父母的情况下，他们的孝道观念就会降低（Cheung 和 Kwan，2009）。同时，也有相反的观点反对现代化对孝道带来的负面作用，许多跨文化比较的材料和历史资料都已经证明，现代化进程必然导致老年人地位降低的假设，其理由并不充分，前现代社会中老年人的社会地位不一定就高，老年人所拥有过的所谓"过去的黄金时代"其实并不存在（杨晋涛，2003）。此外，也有研究认为，随着教育水平的普遍提高，尤其是社会对道德规范教育的重视对孝道与代际支持的维持起到了加强的作用，这是因为受教育更高的人被认为个性与独立思考能力得到了增强，因此更能够抵制现代化给其周围环境造成的负面影响（Cheung 和 Kwan，2009；Inglehart 和 Welzel，2005）。Croll（2006）认为，亚洲国家中现代化对代际支持行为造成的冲击有限，因为这些社会中的代际行为具有很强的适应性。总体来看，无论是在中国还是在国外，有关现代化对于孝道和代际支持行为造成的负面影响的量化实证研究还比较少见，结论也不一致。

（二）社会性别理论（Gender Theory）

社会性别的概念是建立在社会学中的社会角色理论基础之上的，即社会针对具有不同生物性别的人所制定的、足以确定其身份与地位的一整套权利和义务的规范与行为和表现的模式。为了区分一般意义上的"性别"（Sex），我们称之为"社会性别"。社会性别理论认为，关于性别和性别差异的社会认识是后天形成的，是在社会制度包括文化观念、资源分配、经济和政治结构等以及个人的社会化过程中逐步得到传递和巩固的。由于男性与女性的社会支持模式的差异源于终身的社会过程，其表现在晚年的非正式社会支持网络上，即老年女性比老年男性更多地扩展、保持和利用其拥有的社会资源（Levenson 等，1993；Stokes 和 Wilson，1984）。因此，老年女性在获得子女自愿提供的代际支持方面具有先天优势。而从子女角度来讲，西方的研究表明，西方家庭的代际支持行为中存在性别差异。儿子和女儿向老年父母提供数量不等和类型不同的支持（Horowitz，1985；Montgomery 和 Kamo，1989；Rossi 和 Rossi，1990）。作为家庭中的传统照料者，女儿是老年父母支持的主要提供者（Brody，1985；Rossi 和 Rossi，1990），在代际支持中扮演了更为重要的角色（Coward 和 Dwyer，1990；Spitze 和 Logan，1990b；Stoller 和 Earl，1983），Silverstein 认为代际的感情因素在促使女儿提供上起直接作用，而对儿子来说，情感因素则是通过加强社会联系而起到间接作用的。儿子似乎更基于义务和利己的原则提供代际支持，而不是出于感情因素。因此，从支持的动机上来看，女儿与父母之间反映了一种利他的倾向，而儿子与父亲则反映了一种利己倾向，虽然这两种倾向都加强了子女提供支持的意愿（Silverstein 等，1995）。与西方家庭相比，以男性为中心的父系家族体系对中国社会的影响更为深远。在仍旧处于农业社会状态的中国农村，父系家庭体系千百年来一直是占据统治地位的传统模式。因此，导致了家庭养老方式中代际支持行为存在更为深刻的性别差异。在中国的传统父系家庭体系下，儿子有传宗接代的义务和继承家庭财产的权利，也承担为父母养老送终的责任。而所有的女儿会出嫁到其他家族，结婚后女儿及其未来的子女不再被认为是娘家父母家庭的成员，女儿的权利、生产力、服务和未来在结婚时已转移到丈夫家庭，女儿既没有继承财产的权利，也没有为父母养老的正式责任（Gupta 和 Li，1999；Greenhalgh，1985b）。儿子所扮演的"家族传承"的责任同时意味着他们是"光宗耀祖"的主要人选，他们事业发达的同时增加了父母在未来获得妥善照料的可能性。而传统孝文化对儿子赡养老人责任的确认保证了父母与儿子之间长期契约的实现。因此，为了获得更多有形以及无形收益，父母在代际支持交换中表现出明显的性别偏好。不同性别的父母在代际支持中的角色和期望也不同。女性在早期所扮演着更为社会化的角色，其对周围人际关系以及环境的敏感程度较高，因此需要给予相对较多的情感支持（Miller 和 Cafasso，1992）。另外，老年女性由于社会角色和传统的家庭分工，比男性老人更有可能对子女提供孙子女照料和家务上的帮助，这在一定程度上使老年人更融入家庭、加强与家庭成员的联系，老年女性在家务上更多地参与，使其在家庭代际关系中处于更有利的位置（Ghuman 和 Ofstedal，2004）。

（三）生命历程理论（Life Course Theory）

生命历程理论被誉为 20 世纪社会学理论研究所取得的最大突破。特雷曼（Donald J. Treiman）就认为它在五个方面获得了应用：第一，教育的获得，特别是研究从一种教育水平向另一种教育水平的变迁；第二，从学校到工作的转变；第三，职业生涯；第四，婚姻和生育的时间选择；第五，从工作到退休的转变。此外，生命历程理论在犯罪和越轨行为的研究方面也取得了丰硕的成果（Sutton，2000）。将生命历程理论运用于这些方面得到了比以前的研究更为精细的成果。但是由于该理论本身的复杂性，目前还远没有搭建起一个完善和成熟的统一框架，针对各领域的特殊问题，研究者需要在数据的搜集、变量的处理、统计方法的选择等方面进行大量的探索和创新。1999 年，李强等（1999）第一次在《社会学研究》上发表对有关理论和方法的介绍以后，国内社会学、心理学、人口学领域都相继涌现出了不少关于生命历程的研究和著作，为社会科学研究开辟了一个崭新的视角。但相关成果多集中在跟踪性介绍或是概念应用，对生命历程分析系统深入的研究成果相对较少，而有独创性的成果则更少；比较突出的是周雪光等（1996）结合生命历程视角考察了国家和政治机制对个人生活机会的影响，从而揭示了国家社会主义中的分层动力学。在更细致的研究中，周雪光、侯立仁（1999）运用事件史分析模型，并且在理论上综合了国家与生命历程的视角考察了"文革"期间的"上山下乡"运动对年轻人此后生活状况的影响。但是在对研究发现的解释上，还有待深入。然而截至目前，还未见到这些理论与方法应用于代际支持的研究中。

三 宏观层面的年龄分层理论（Age Stratification Theory）

年龄分层理论也叫"年龄－社会理论"，最先由 Matilda Riley 和他的助手们在 20 世纪 70 年代提出（Riley，1974），强调从宏观角度研究社会结构对老龄化过程和社会按年龄进行分层的作用和影响。这一理论将同龄群体和社会结构联系在一起，将个人归入一定的同龄群体，然后再估价历史进程中的社会结构对不同同龄群体的影响，并提出了反映社会变化的年龄级生命模式（Age-graded Life Patterns）的观点。这一时间概念强调的是把个人置于一定的历史情境中，由此出发去关注历史事件和环境对人的影响。年龄分层理论根源于结构功能主义的理论传统，运用实证主义方法进行研究。年龄分层理论关注三个研究范式：第一，为了确定出生队列的共同性和差异性，要注意研究队列的发展变化；第二，研究社会结构与个人发展的不同步性；第三，探讨队列同期群与社会结构的相互依赖性。年龄分层理论中使用的核心概念主要有：年龄队列、社会结构、结构滞后（Structural Lag）和队列流（Cohort Flow）等。Riley 等人用这个理论视角进行了结构滞后的研究，即社会结构的变化滞后于人口结构和个体生活的变化（Riley 和 Riley，1994），这方面的研究强调政策制定者应注意通过教育制度创新、就业和退休制度创新和家庭制度创新来解决人口老龄化的社会背景下的结构滞后的问题。年龄分层理论在老年学研究中的另一个重要的应用在于分析了社会变迁给家庭带来的影响，Riley 等人据此提出了"扩展的家庭关系"在社会变迁中变得更加重要，并将之称为"潜在的亲属网矩阵"（Latent Matrix of Kin Connections）（Riley 和 Riley，1993）。其主要观点是，由于后来的出生队列的寿命在延长，以及再婚、同居等现象的增多，个体在其整个生命中的亲属关系网变得越加扩大和复杂。因此，年轻的出生队列成员的家庭支持变动趋势和特点是在这种扩大的亲属关系网内发生。这也能够解释社会变迁的情况下代际相互支持依然能够保持下来，未来的老年人依然可以在核心家庭关系遭到破坏的情况下，得到扩展的亲属关系网中的支持。

年龄分层理论对本书的研究有着重要的启示。它提示我们不仅要注重将个体老化和社会结构的变动相联系，而且要注重区分横截面数据中的年龄阶段间的差异和纵贯视角下个体老化的生命历程模式。但这个理论的缺陷在于它过于强调了年龄变量对社会结构的分层作用，而忽视了个体主观能动性所能发挥的作用。另外，该理论强调了队列间的差异，但较为忽视年龄队列内部差异性的解释。

四　中国本土化的代际支持理论

近年来，中国人口老龄化的加速使得家庭代际支持也成为国内外学者关注的焦点，不少学者将中国的特殊文化背景和西方的代际支持模式相结合来解释中国家庭的代际支持行为。亚洲儒家文化国家的代际支持很大程度上是由传统的"责任伦理"中的社会习俗与文化传统来保障的,"孝道"就充分体现了这种社会规范(陈树强,2003;杨善华、贺常梅,2004;杨善华、吴愈晓,2002)。在中国,"孝"或者孝道成为调节家庭代际关系的最重要的行为规范(谢宝耿,2000;杨国枢,1989)。这种孝道规范通过社会化的作用,内化为人们的自觉意识,既是奉行崇老文化的国家和民族价值观的象征(Hennessy 和 John,1996;谢宝耿,2000),也是一种社会控制机制,是促进家庭和睦、社会和谐、团结延续的一种复杂而精致的文化设计(杨国枢,1989)。因此,广泛用来解释西方社会代际关系的"社会交换理论"或者"互惠"动机,应用于中国未必完全合适(Hong 和 Liu,2000;刘爱玉、杨善华,2000)。中国与西方国家间存在着社会传统和文化上的差异。非经济性的差异使人们认识到,在借鉴西方社会理论时,需要认真考察这些理论在中国背景(Context)中的有效性和适用性。国内学者也针对中国家庭养老运行机制提出了一些本土化的理论假说,包括交换论、反馈论、责任内化论等。

(一) 交换论

经济学认为,代际关系本质上是一种经济关系或交换关系。因此,无论是经济交换论还是社会交换论,实际上都在一定程度上反映了这种代际资源流动和交换的观点。经济交换论认为(杜亚军,1990),不同年龄的人在经济、社会活动中占有不同的地位,占有的资源不同,所能创造的产品与提供的劳务不同,对社会产品及劳务服务的需求也不同。这样,代与代之间就产生了交换的必要性。成年人对其子女及老人之间的供养关系就是人类为了自身的繁衍而在代与代之间发生的一种产品和劳务的经济交换关系。在未成年人、成年人和老年人三者之间,成年人是主要生产者,通过财产流向未成年人养育了未成年人。但在成年人进入老年以后,未成年人长大成人,开始为老年人提供生存必需品。成年人(原来的未成年人)通过财产流向老年人(原来的成年人)而赡养老年人。由于家庭代际交换并不严格遵循经济交换的原则,常常是更大范围的交换,所以在此基础上又形成了社会交换论。社会交换理论(熊跃根,1998)认为,社会交换是一种基于社会道德、情感支持或公义维护的资源重新流动或分配。

(二) 反馈论

从中国传统文化出发,费孝通(1983)提出了解释中国家庭代际关系的"反馈论"。这种观点认为，亲子关系是整个社会结构中的基本关系，并规定了包括抚养和赡养的有关义务：在中国家庭中，甲代抚育乙代，乙代赡养甲代，乙代抚养丙代，丙代又赡养乙代。下一代对上一代都要反馈的模式，简称"反馈模式"。用公式表示就是 $F1 \longleftrightarrow F2 \longleftrightarrow F3 \longleftrightarrow \cdots\cdots \longleftrightarrow Fn$（F 代表世代，→代表抚养，←代表赡养）。而西方则是甲代抚育乙代，乙代抚育丙代，表现为一代一代接力的模式，简称"接力模式"。用公式表示就是 $F1 \rightarrow F2 \rightarrow F3 \rightarrow \cdots\cdots \rightarrow Fn$。显然，中西两种模式的主要差别就在于后者不存在子女赡养父母的义务。中国传统的亲子伦理体现了养儿防老这样一种均衡互惠和代际递进的原则，成为维系家庭共同体延续的纽带。

（三）责任内化论

责任内化论（张新梅，1999）在代际支持方面的观点是，由于几千年儒家文化对孝的强调，赡养老人的义务已经变成了每一个中华儿女内在的责任要求和自主意识，成为其人格的一部分。责任内化的一个特点是差序格局（费孝通，1998）。也就是说，人与人的关系有亲疏远近之别。这就好像一个石子投入水中，形成了不同的涟漪，呈同心圆式分布。自己是圆心，不同的涟漪代表了不同的关系层，与自己这个圆心的来往越密切，道德感与责任感越重。费先生认为，中国传统乡土社会是一个社会关系构成的"差序格局"，是一个"一根根私人联系所构成的网络"，犹如水的波纹，"社会关系是逐渐从一个一个人推出去的"，"愈推愈远，也愈推愈薄"。由"家"到"小家族"再到"外人"。而在家庭内部，父子关系是主轴，夫妻关系是"配轴"。子女成为赡养老人的主要人选。

值得注意的是，虽然学者把中国文化中与家庭养老相关的孝道价值观细分为若干理论，但由于家庭代际关系依赖于历史、文化传统以及社会经济条件，这些分类实质上是刻画了代际支持的多个层面和侧面，而且对代际支持的解释也可能不是一种理论就足以阐述清楚的。比如，为什么子女一定会对老年人提供支持呢？因为在子女的社会化过程中，道德价值规范已经内化到子女的价值体系和行为模式中，而反馈论则从生命历程（Convey）角度说明了子女在年幼时得到父母的帮助和支持（包括教育、工作以及婚姻），当父母进入老年后，不仅由于逐步退出社会经济生活的主流领域而逐渐成为弱势群体，而且由于年老也会出现身体功能衰退、健康状况下降的情况，这些都使老年人在经济、生活照料、健康医疗资源方面产生需求。而这时子女已经是成年人，有能力向老人提供支持。所以，当把发生于一代的父母到子女、子女到父母的代际支持置于一个家庭的生命周期（Life Cycle）中进行考察时，就发现成年子女向老年父母提供代际支持确实具有反馈的特点。虽然近年来一些西方学者也发现，西方的文化价值中也规定了子女向老年父母提供支持的义务（Blieszner 和 Hamon，1992；Piercy，1998）。但是，西方社会背景下子女对父母的义务是以个人主义为基础的，遵循着个体之间的契约原则而得到规范。显然，这不同于中国孝道传统下子女对父母的义务，最重要的区别就在于，后者是以家庭为本位，因而从某种意义上说是超越了个体范畴的。因此，对中国父母与子女代际支持的研究应立足于中国的家庭体系和制度的独特性与社会文化特征。

第三节　家庭代际支持的影响因素研究

一　个体特征因素

以往对西方家庭的代际支持研究发现，父母与子女的一些重要特征如社会、经济、人口、资源、机会和对代际帮助的需求等都会影响代际的交流（Eggebeen 等，1990a；Rossi 和 Rossi，1990）。比如，从老年父母角度讲，有研究指出，配偶是老年人在子女以外的另一重要社会支持来源，丧偶往往意味着老年人代际支持的需求增加（Hermalin 等，1996）；老年人的社会经济资源，如高收入或文化水平高会促进代际交换，而贫困和不健康的身体状况会减少对代际支持的提供（Eggebeen 和 Hogan，1990a）。中国城乡家庭支持与父母的年龄、性别、婚姻状况以及生活自理能力等都有相当密切的联系（Li 和 Tracy，1999；杜鹏、武超，1998；梁鸿，1999；庞江倩，2000）。对东亚地区包括中国台湾在内的家庭养老方式下的老年人代际支持研究证明，子女对老年父母的代际支持会随着老人因丧偶、经济状况下降、健康状况恶化而导致的对外界帮助需求的增加而上升（Hermalin 等，1996；Rogers，1996）。

西方家庭代际支持的一个极为重要的特点是，子女的需要占据重要地位，老年人往往为发生危机的子女提供各种帮助（边馥琴和约翰·罗根，

2001）。比如，子女的婚姻危机也会导致父母对其帮助的增加（Spitze 和 Logan，1990b）。社会经济地位与子女向其父母提供支持有着很强的相关性。代际支持的程度取决于家庭及个人的社会经济地位，地位越低，家庭外可利用的资源也相对缺乏，而家庭成员间的相互支持也就显得尤其重要。因此，社会经济地位越低的家庭，其成员间相互支持的程度越高（Sen，1993）。中国家庭代际支持与子女的数量、性别、婚姻状况、经济状况、与父母居住地的距离等因素有关（Chen 等，2000；Lin，1995；郭志刚，1996；徐莉和约翰逊，1999）。尤其在中国这样强调"多子多福"的文化传统下，子女数对于老年人家庭供养存在显著作用（郭志刚，1996）。但是，随着经济的不断发展，在家庭支持中子女质量的作用已经开始凸显，父母对子女的投资有效地提高了子女为父母提供赡养的概率（陈皆明，1998）。另一项研究发现，在有收入积累的前提下，家庭规模缩小不仅不会弱化家庭保障能力，而且会强化家庭保障能力，暗示在子女数量下降的背景下，子女质量对数量的替代效应（彭希哲、梁鸿，2002）。

老年人和子女的性别特征也是影响代际交换的重要因素。从人口学的角度上考虑，女性的期望寿命超过男性，许多女性在配偶死亡以后仍旧要单独存活很长时间，而老年人在家庭资源分配和收入方面存在的性别差异使得老年女性特别是丧偶的女性老年人处于不利地位。女性在经济资源方面的相对匮乏使得女性老年人对经济支持的需求高于男性老年人。Harris（1975）和 Rossi（1986）对西方社会的研究表明，女性比男性更需要帮助特别是经济帮助。对中国的研究表明，农村女性老年人的生活自理能力普遍低于同龄的男性老年人（张文娟、李树茁，2003）。虽然女性的平均期望寿命高于男性，但是女性以基本生活自理能力丧失为标志的健康期望寿命低于男性（汤哲、项曼君，2001；王树新、曾宪新，2001），这说明女性有更长的时间需要他人帮助。因此，其对子女为其提供生活照料的需求要超过男性。另外，根据性别角色的社会化理论，女性在早期所扮演着更为社会化的角色，其对周围人际关系以及环境的敏感程度较高。因此，需要给予相对较多的情感支持（Miller 和 Cafasso，1992）。

二　家庭结构因素

影响代际支持的还包括子女数量、子女性别结构以及未成年孙子女的状况等家庭结构因素。西方的研究表明，子女的性别（Eggebeen，1992；Rossi 和 Rossi，1990）和数量（Hagestad，1986）会对老年人的代际支持产生显著影响。而 Eggebeen 和 Hogan（1990a）还发现，在以子女为中心的西方家庭中，未成年孙子女的存在也会导致老年父母对成年子女的帮助增加。

老年人与其成年子女的居住安排对家庭支持有着重要的影响。有研究表明，居住安排对子女在三个方面提供支持的可能性有着显著的影响，即料理家务等日常活动、经济支持和情感体贴。子女的数量、与子女的亲近程度以及与子女来往的便利程度决定了父母与子女间进行面对面接触的可能性以及接触的次数（Crimmins 和 Ingegneri，1990）。因此，父母与子女之间的居住距离也是影响代际支持的重要变量（Eggebeen 等，1990a；Hoyert，1991；Montgomery 和 Hirshorn，1991）。对西方家庭的研究显示，代际居住距离的增加阻碍了各种代际交流的进行（Rossi 和 Rossi，1990）。但是也有学者认为，空间距离对三类代际支持的阻碍作用存在差异。地理居住空间的接近不仅有利于代际支持特别是生活照料的交流，也会促进两代间的交往和感情上的亲近（Crimmins 和 Ingegneri，1990），而 Litwark 和 Kulis（1987）认为，空间距离对经济支持和情感交流的作用较小。在中国进行的研究也表明，与父母同住的子女提供代际支持的可能性最大，其次是住在父母附近的子女，可能性最小的是住在离父母较远处的子女（李树茁等，2003；鄢盛明等，2001）。由于老年人会向同住的子女提供生活照料支持（Agree 等，2002；Yan 等，2003），因此，空间距离会阻碍家务以及日常生活起居照料等帮助的进行，但是对经济支持并无显著影响（Zimmer 和 Kwong，2003）。

三 社会制度、文化规范、观念变迁等宏观背景的影响

西方有关现代社会中家庭变化的一个核心观点是，原先家庭所承担的许多功能逐渐交给了社会来承担（Coleman，1993；Popenoe，1993）。教育、劳动力市场和社会福利体系降低了家庭成员之间互助的必要性，但并不能完全替代家庭的作用。有关宏观社会背景给家庭所带来的变化研究的难点集中在以下三个方面：①哪些社会背景在发生作用？②这些社会背景如何测量？③如何将这些背景所发生的作用与其他因素的作用分离出来，从而建立两者之间的因果关系？相关分析所涉及的相关社会背景因素包括：

社会制度、文化、宏观经济和市场力量、地理环境的变化、法律及社会政策等。然而，研究所用的方法多是使用定性的深入分析，往往难以将这些背景因素实现准确的定量测量，尤其是将这些因素对于家庭行为的独特影响分离出来存在很大难度。由于个人对其所生活的社会背景具有选择性，而当个体的行为成为一种集体行动后，历经一段时间之后会使其相应的社会规范发生变动。因此，社会背景与家庭变动之间的因果关系往往较为模糊。而进行这方面的跨国比较则更加困难，因为各个国家的文化、制度和政策等一系列因素都存在巨大差异（Seltzer 等，2005）。

20 世纪以来，中国社会发生了巨大的变化。从中国历史总的发展进程来看，中国家庭代际关系的变化基本上是和社会历史的变化步伐相协调的。特别是改革开放以来，市场经济的引入、政治权利的平等、价值观念的多元化以及社会结构的嬗变对家庭代际关系产生了重大的影响。自改革开放以后，市场经济开始引入我国，经济因素使得人们对利益的追求逐渐渗透到家庭领域，家庭代际关系的利益色彩变得浓厚，对传统家庭代际关系的形成结构和观念造成了较大的冲击。同时，代际利益因素的扩大也具有一定的积极意义，如能够使家庭代际双向关系均衡化、养老观念理性化等。

阎云翔通过对黑龙江省下岬村进行田野调查，描绘和阐释了当代中国农民道德世界的变化和赡养老年人等现象，重点分析了国家在私人生活转型和个人主义发展中所扮演的角色（阎云翔，2009）。在"集体化"和"大跃进"的时代，国家通过摧毁旧的社会等级与家庭结构，严格控制个人对公共生活的参与，让农民从家庭忠诚的成员变为原子化的公民。改革开放后，集体化终结、国家从社会生活多个层面撤出，"既没有传统又没有社会主义道德观，非集体化之后的农村出现了道德与意识形态的真空。与此同时，农民又被卷入了商品经济的市场浪潮中，他们便在这种情况下迅速地接受了以全球消费主义为特征的晚期资本主义道德观。这种道德观强调个人享受的权利，将个人欲望合理化。农民无法参与任何政治与公众生活，只得闭门家中，对道德滑坡、自我中心主义盛行等社会问题采取视而不见和曲意逢迎的态度。最终，无论是在公共领域还是在私人领域，他们对群体和其他个人的义务与责任感也就日渐消亡"。据此，阎云翔认为，"第一，国家是一系列的家庭变化和个性发展的最终推动者。第二，非集体化后，国家对地方社会干预的减少在引起了私人生活发展的同时，也使公众生活迅速衰落。第三，村民的个性和主体性的发展基本被限制在私人领域之内，从而导致自我中心主义的泛滥"。

王跃生指出，当代农村代际关系研究应做到将制度变迁、社会转型与家庭代际关系结合起来。中国农村在 20 世纪 80 年代中期之前的家庭代际关系变动并非经济现代化的结果，也不是西方文化传播（主要是生活方式）的作用，而是与一系列制度变革存在密切关系（王跃生，2010a）。自 20 世纪 40 年代以来，中国以土地所有权和生产方式为核心的制度变革对农村家庭有深刻影响。这一制度变革主要体现为土地改革和集体经济制度的建立。而集体经济制度持续时间最长，因而其影响更为深远。20 世纪 60 年代，中国农村家庭的核心化是在人口迁移流动受到很大限制的环境中实现的，这表明内在和外在制度的变革对家庭的影响更大。中国农村的社会转型由改革开放政策推动，开始于 20 世纪 80 年代中期：农村劳动力向城镇转移，非农活动成为主要谋生方式。当前农村尚处于社会转型初期，农村家庭出现一系列变动，但也有诸多"不适应"和"不协调"，多与制度约束和传统家庭功能，特别是老年保障仍以家庭为主有关。在他的研究中，他对 20 世纪 30~40 年代至今的制度变革阶段和家庭变动特征进行了总结（王跃生，2009b）。

本研究同意王跃生的观点，即探讨制度变革和社会转型对家庭变动的影响应避免在抽象概念之间建立联系，而要有具体的时空意识。只有这样，才能对当代农村家庭变动的真实状态和阶段性特征有所把握。

第四节　生命历程的研究范式及其
对"年龄"变量的关注

历经过去三四十年间的发展，生命历程的研究已经成长为跨学科研究人类生活从出生到死亡过程的重要学术领域，其理论观点受到了人类学、人口学、经济学、社会学和发展心理学等多个学科的影响（Elder，1998；Elder 等，2003）。现今不仅成为社会学（Kruger 和 Levy，2001）、心理学界（Caspi 和 Roberts，2001）的主流，在应用领域方面也得到了政治学（Hardy 和 Hazelrigg，1999）、教育学（Lucas，2001）和社会政策（Crosnoe 和 Elder，2002；Crosnoe 和 Elder，2002）等的一致推崇。2006 年 6 月《科学》

杂志的一篇文章将生命历程的纵贯性研究视为当前社会科学研究中最具发展性和创新性的领域（Butz 和 Torrey，2006）。

根据 Mayer（2004，2009）的总结，生命历程理论的起源与发展的历史可以划分为以下几个阶段：首先是第二次世界大战期间，"生命周期"的概念与分析范式以及曼海姆等人提出的"代"的概念对生命历程理论的形成起了重要的推动作用。20 世纪 40～50 年代，社会学领域兴起了将"年龄区别"（Age Differentiation）作为结构分类的研究热潮。到了 20 世纪 60～70 年代，"年龄区分"的相关研究进一步扩展，其主要的几个概念还包括了作为主观叙述的个人传记（Biography），作为文化构建的"代"，作为社会构建和制度模式的生命历程以及人口学的"队列"。20 世纪 80 年代生命历程领域开始致力于对具体历史时期和社会中生命历程模式的描述及前后时代间的对比研究。现今，生命历程领域的研究可以划分为两种视角：一种是将个体发展、生命周期、社会人口学和个体老化相结合的研究；另一种视角划分为两派，美国学者多继承了"发展"的理论传统，进行年龄组和年龄角色方面的研究，而欧洲的学者多关注制度的起源和宏观社会背景对于个体生命历程的影响。

虽然不少对生命历程理论的批评意见认为，该理论过于宏大，缺乏独有的前提假设和具体理论观点，因而不是内在自成一体的理论体系。但这正反映了构成个人生活潜在影响机制的社会结构的复杂性，因而不可能用一个统一的机制来解释，而是个体、中观和宏观多层面机制相互作用的结果。生命历程理论的意义在于它为研究问题提供了方向性和启发式的指导，此外，生命历程理论具备一整套实用的概念工具，主要包括：年龄规范（如规范的符合或偏离及其后果）；事件、状态（State）和状态的持续时间（Dration）；状态的转变（Transition）、转折点（Turning Point）和发展轨迹（Trajectory）等。运用生命历程理论的研究大多数是描述性或阐述性的，而因果解释性的研究则正随着理论的进一步发展而逐步深入，例如运用累积优势和累积劣势（Cumulative Advantage/Disadvantage）概念进行长期效应的机制解释方面（Dannefer，2003；DiPrete 等，2006；Willson 等，2007）。与此相对应，生命历程在社会学领域的应用在方法上包括两种主要类型："全景式"（Holistic）和"分析式"（Analytic），前者是指致力于应用运算法描绘动态的发展轨迹，而后者是指针对事件的发生和状态的转变进行建模。本研究将两种类型加以综合，首先建立统计模型进行机制解释，同时在此基础上"全景式"地对个体层面上代际交换水平发展的年龄轨迹进行描绘。

近40年前，Clausen（1972）指出社会学的研究尚未能提出整个生命历程中个体变动的综合性理论，从那时开始，社会学家、历史学家和人口学家开始越来越多地关注与年龄相关的议题。年龄和性别一样，都是对社会构成进行研究的最天然和基本的属性变量。因此，Elder、Riley 等学者致力于推动"年龄社会学"的建立和发展，认为深入研究年龄可以有助于澄清并提出新的与时间相联系的社会学假设，甚至达到将社会学连接为一个整体的目的（Elder，1975；Riley，1987）。年龄社会学是指把年龄当作分析的关键范畴所构建起的理论框架。它反映了社会中构筑起的正式年龄制度，每个人都被囊括在这一机制内，置于一定的年龄位置上。"年龄制度"（Age Norm）的概念表明，人们对于年龄和年龄差异的社会认识，与社会性别（Gender）一样都是后天形成的，是在社会制度包括文化观念、资源分配、经济和政治结构以及个人的社会化过程中逐步得到传递和巩固的。通过社会文化及其传承，将内在的年龄上的生理差异解释和说明为不同的年龄期望（Act your age）。因此，像性别、种族、民族和阶级一样，年龄也成为一种社会范畴，大致建构起一个人的生活机会，形成其在社会和经济中的参与。对于年龄的讨论也可以仿照"社会性别"的研究范式加以类似的讨论。

年龄长久以来就被认为是理解社会结构和人的生命历程发展中的一个最基本的元素。因此，"年龄"概念在生命历程理论中居于非常重要的地位，"这一概念本身就跨越了个体层面，体现了一种从微观到宏观、再到纵向的空间对事件和角色等生命历程轨迹的建构"（包蕾萍，2005），年龄概念是个体生命、社会文化与历史背景的重要联结点，而生命历程理论的个人、社会、历史"三位一体"的时间观恰恰是生命历程研究范式创新及其生命力的集中体现（包蕾萍，2005）。生命历程理论提出了年龄的三种时间维度，强调通过对不同历史时间中的出生组进行群组内比较，讨论历史变迁的影响，并借社会时间的维度进行社会文化分析，这样就以年龄概念为核心兼顾了个体、社会、历史三种层面（包蕾萍、桑标，2006）。刘德寰的《年龄论：社会空间中的社会时间》是国内第一个专门研究年龄变量的学术著作（刘德寰，2007），该研究强调将年龄变量解读为社会时间的一种展现形式，同时放置于社会空间的概念中进行讨论，提出可以通过年龄较强的概括性特点，即通过"年龄的层次性分化"，借助"年龄透视"来了解历史的含义，了解社会生活，同时了解人们生活世界的结构。这个观点对于本研究具有重要的参考价值。

目前，国内对于生命历程的研究尚处于介绍、引入的起步阶段（包蕾萍，2005；包蕾萍、桑标，2006；胡薇，2009；李强等，1996），已有的研究都把特定人群的生命历程作为研究对象而不是研究方法，多沿着生命历程理论中质的研究路径展开，而沿着量的研究路径的尝试则不多见（成梅，2004；郭于华、常爱书，2005；刘中一，2005；徐静、徐永德，2009）。包蕾萍（2005）认为，国内关于生命历程的研究存在对于生命历程理论的误读，即将之与"生命周期"或"生活史"（Life History）相混淆，或将与社会事件有关的分析均冠之以"生命历程研究"，其研究的中心内容是生命历程中与年龄相关的个体角色变化以及队列间的差异，但对于年龄背后所代表的社会意义重视不够，而是简单地将年龄视为个体生命事件发生时间的刻度。造成这种结果有三种可能的原因：第一，生命历程的理论和方法在国外学者的研究下仍在不断深化，国内学者的研究更倾向引进与吸收，其基础理论研究相对滞后。第二，生命历程理论非常重视对最新统计思想和方法的借鉴（Lynch，2003），在西方学者的研究中已经融入了大量数学模型和高级多元统计的思想来实现该理论的操作化和实践化。因此对研究者统计分析的能力要求比较高。第三，生命历程研究对数据质量要求比较高。随着统计技术和自身理论的发展，当代生命历程理论越来越强调动态数据的建构和分析。自20世纪60年代风行的纵贯研究，作为一种社会调查、收集资料的方法，就已经隐含了生命历程的研究视角（Smith，2004）。正如Elder（1994）所总结的那样，生命历程研究的发展是理论和调查事实共同作用的结果（李强等，1996）。美国、欧洲等地的纵向调查数据库开发较为成熟，有大量的可靠资源可以进行数据的二次分析，也为研究者提供了动态跟踪的可能性。而国内恰恰缺乏纵向数据的常规性社会调查。西安交通大学人口与发展研究所从2001年起至2006年组织的一次基期和两期跟踪（Follow-up Survey）"中国农村老年人福利状况"大规模纵向调查，是国内唯一针对中国农村老年人家庭代际支持所进行的专项调查。这个有利条件为本研究打下了良好的基础。

第五节　小结

首先，上述分析结果表明：其一，社会研究有向个人立场和具体时空情境转向的趋势，集个体维度、社会维度、历史维度于一体的生命历程理论与方法已经逐渐成为社会学研究的重要方法之一。其二，"代"的概念运用在分析家庭生活长期的动态发展方面，失去了分析的精确性和理论内涵。生命历程研究必将成为家庭研究和社会学新的关注热点，但是需要解决和研究的问题还很多，而国内对生命历程分析及其应用这一新的发展动向没有引起足够的重视。其三，农村家庭代际支持问题研究已经受到广泛重视，但是生命历程研究的相关研究成果还没有用于类似领域的家庭、人口等问题的研究。

其次，从理论发展的角度来看，存在以下几个方面的不足。其一，动态机制的研究不足。已有的代际支持模型以及代际支持性别差异的讨论主要是出于"静态"的视角，年龄分层理论和现代化理论注重社会规范和社会变迁的历史变化对个体发展的影响，但其探讨视角较为宏观，并且缺乏实证的定量研究。其二，各层面的相关理论探讨各自为政，存在宏微观研究相互割裂的状况。

再次，就家庭代际支持的影响因素而言，已有研究的不足在于以下几点。其一，对于因素的讨论比较分散，缺乏系统性。代际支持水平既受到家庭成员个体特征因素的影响，也受到家庭结构因素的影响，同时，社会制度、文化规范和观念变迁等宏观背景因素也越来越受到关注。但这些研究视角分散，相关的结论也不能取得一致，缺乏一个整体的研究框架将相关因素加以综合。其二，在代际支持的研究中，年龄变量未受到应有的重视。上述研究中有关家庭代际支持行为的年龄差异及其对老年人福利的有利与不利影响的探讨大多只是作为一些较宽泛研究的其中一个组成部分而出现的；其结论也多来自于推测或一般生活体验，而不是基于有针对性的资料收集和实证检验，因而其深度有限；在实证定量研究中年龄也总是作为子女或老人因素的控制变量出现而并不作为讨论的重点。

年龄最真切地界定了一个人的社会经历和社会归属。生命历程研究框架对过程的关注，标志着对以静态结构为主的研究范式的扬弃，利用生命历程理论可以将年龄和性别等结构性的要素放到时间的流逝中来观察和描述，做到个体生命历程的发展和家庭转变、社会变迁三个过程的同步。年龄是人类生活的最基本的社会范畴和类别，也是界定人们的社会角色和所拥有的声望、权力等的基础因素。而基于生命历程理论范式对其核心的年龄概念加以深入剖析，建立生命历程的年龄模型，将为家庭代际支持行为的发展及家庭角色的演化等的社会与人口问题的研究提供新的方法和研究思路。已有文献中的结论均是基于横截面数据或描述性统计分析的结果，横截面数据的好处是可以在讨论样本年龄和代际交换之间关系的问题时覆盖到更广泛的年龄范围，但其弊端在于只能用来比较某一个时间点上不同年龄组之间的差异，同时也因为混淆了年龄变动和出生队列差异造成的不同效应带来研究结论的不一致。由于在某个固定的时间点上，个体年龄和所属出生队列的效应是交织在一起的（Miyazaki 和 Raudenbush，2000）。因此，已无法得出个体层次上实时的代际交换水平随年龄的平均变动规律。

代际支持模式为代际支持动机和机制的解释提供了一种思路：代际的资源条件成为判别代际支持模式的重要依据，而后来的学者也试图将这种资源相对优势引入对子女内部分工模式的解释，子女内部的资源对比决定了他们之间的分工。Lee 和 Xiao 认为，这些代际支持模型在对代际交换动机的解释上相互间并不冲突和排斥，而是家庭成员在获取各自需要的支持时，所面临的不同情况和采取的策略（Lee 和 Xiao，1998）。然而，代际交换作为一项投资策略或是一项针对父母的保险政策，在何种情况下，何时产生，尚不得而知。父母对子女付出情感、时间和经济资产，期望在他们晚年遇到困境时，例如健康下降、丧偶或退休后经济困难时，其子女能够给予回报。但代际交换何时被激发出来？从满足代际双方"即刻"需求的角度来看，老年父母和成年子女在哪个阶段面临着最为需要家庭成员支持的情况，从而得到相应的帮助？从长期互惠动机的实现来看，对于父母在其生命早期的照料和投入累积下来的这笔"负债"，子女是如何在父母进入了依赖性渐强的老年阶段后逐步加以"偿还"的？总体上来看，已有的研究关注了一个基本的问题，即"为什么老年父母和成年子女间相互提供支持？"对这种支持行为的解释来源于社会理论，主要关注了代际交换中人与人之间的公平和互惠的机制。历时性的研究探讨了早期预测变量对老年人晚年亲子关系的影响，然而，对于"在何时以及何种情况（When/Under What Circumstance）下老年父母和成年子女间的代际交换会发生"的描述和解释还不足够。对上述问题的回答需要引入纵贯（Longitudinal）的研究视角。

第三章　代际支持年龄模式
及分析框架

第一节　农村老年人家庭代际支持动态发展机制分析

一　三代扩展家庭内成员间的资源交换

针对中国家庭的几项研究发现，家庭作为一个网络结构对于资源的分配体现了合作群体的原则（Lee 等，1994；Lee 和 Xiao，1998；Sun，2002b；张文娟、李树茁，2004c），即家庭资源在战略上的投资目的是最大化家庭和个人福利。合作群体模式同其他社会关系一样，由互惠的范式所支配，且成年子女向其老年父母提供支持的能力依赖于父母早先提供给他们的资源。农村家庭的"养儿防老"是在当前老人公共福利制度不足的现实情况下，父母以此来保障自己年老生活无忧。而子女愿意尊敬或善待父母也可能是在期待从拥有优势资源的父母处获得好处的考虑下的表现。代际交换是一种具有工具性目的的交换行为，而且是人类交往互动中一项根本的行为，交换的作用场除了直接发生在互动亲子的身上外，还发生在跨代的亲子身上。

（一）老年父母和成年子女间的代际交换行为

中国农村家庭成员间的代际交流十分密切。受经济发展水平的限制，中国农村的社会保障制度不健全，中国农村家庭在保障其成员平稳度过不同的生命周期过程中发挥着至关重要的作用，尤其是在老年人的赡养和成年子女的抚养方面（Lillard 和 Willis，2002；杜鹏，2004）。一方面，子女是父母进入老年后需求支持的主要提供者，家庭养老仍然是我国农村养老的主要方式（王跃生，2009a；左冬梅等，2011）。另一方面，父辈也在家族绵延和责任伦理观念的支配下，强调自己对后代的责任，从而继续为成年子女提供各种力所能及的帮助（杨善华、吴愈晓，2002）。在普遍缺乏日常儿童照料设施，儿童尤其是学龄前儿童的日常照料主要在家庭内部完成的中国农村，父辈更是帮助子女照料未成年孙子女的首要人选（Silverstein 等，2007b；宋璐、李树茁，2010）。绝大多数农村子女虽然与父母分开居住，但居住距离并不远，对家庭代际支持的影响并不大。子代与父代仍保持着物质、精神和生活上的联系，传统家庭所具有的经济供养、日常服务以及生活照料等功能仍是现代家庭的重要功能（Silverstein 等，2006；张文娟，2004），即这种居住形式上的分离并不意味着家庭代际支持的中断。

（二）第三代成员（孙子女）的作用

在人口寿命越来越长的情况下，学术界越来越重视多代家庭关系（Multi-generational Bond）的作用，不被西方所重视的祖父母作用、跨代和多代的代际关系和代际支持越来越受到关注。由于中国农村普遍缺乏日间照料服务，老年人往往承担起子女外出务工后照料孙子女的责任，这也可以看作是出于增加家庭收入的目的，是实现代际共同利益最大化的一种短期策略。留守孙子女导致老年祖父母在家庭代际交流中角色改变，即替代外出务工子女承担监护和照料留守孙子女的主要责任，也必然会改变外出务工子女与老年父母（祖父母）之间的代际支持行为，影响到三代家庭代际支持资源的分配。在目前代际关系重心下移，老年人不再具有绝对权威的时期，孙子女改变了家庭成员的代际支持角色。孙子女虽然可能会加重老年祖父母的照料负担，但也可能会减轻老年祖父母的孤独感，给老年祖父母以情感方面的慰藉（杜鹏等，2004）。有研究表明，留守的未成年孙子女促进了外出务工子女与留守在家乡的老年父母（祖父母）的联系，增强了外出务工子女三代家庭的代际团结（Cong 和 Silverstein，2008）。

在中国当代农村的现实情况，特别是以网络家庭和隔代家庭普遍存在为特色家庭结构的实际状况下，本书认为孙子女作为联系成年子女与老年父母（祖父母）的纽带，在促进代际交流和代际团结中发挥着非常重要的作用。有无第三代孙子女，直接关系着第二代成年子女的父母角色以及第一代老年人的祖父母角色的获得；孙子女处于不同的年龄阶段，也会直接影响老年人及其成年子女的时间和资源分配。例如在孙子女非常幼小的时候，子女可能面临着作为父母照料者和子女照料者之间角色冲突的问题。

（三）子女兄弟姐妹间的相互作用

在研究具体某位子女对老年父母的支持时也应该考虑其他子女整体和相互之间的作用（Matthews，1987）。老年父母获得的来自子女的代际支持是子女整体分工合作的结果。因此，对于子女而言，其他兄弟姐妹是影响其代际交换水平的重要方面。虽然理论上照料老年父母的责任应该由所有子女共同负担，但实际上这种分担在子女间并不是平均分配的，而是有所侧重的（Connidisa 和 Kemp，2008）。Matthews（2002）指出，很多关于子女给予老年父母代际支持的研究定位于个体的子女与父母的支持，而实际上子女个体总要受到家庭其他成员（包括兄弟姐妹）的影响（Matthews，2002）。在代际关系中，家庭决策需要考虑所有子女特征以及子女之间的相互作用，而不仅仅从个体考虑。在给予老年父母支持时，每个成年子女不仅要考虑自身的条件，而且也需考虑他们每一个兄弟姐妹的行为和条件（Checkovich 和 Stern，2002；Matthews，1987）。具体的关于兄弟姐妹的情况包括他们有没有孩子，孩子是否需要他们照料或者老年父母照料，他们给予和接受老年父母的经济资助等（Gaalen 等，2008）。这些情况可能影响他们为父母提供需要的照料和经济帮助的能力。照料老年父母的责任是在所有成年子女之间进行分担的，即一个子女为父母贡献什么，依赖于其他子女正在做什么。当父母有需要时，子女会形成一个照料老年父母的系统，在这个系统中每个子女很清楚其他兄弟姐妹对父母提供支持的行为。老年父母所拥有的资源有限，因此在对老年父母的帮助方面，兄弟姐妹间存在着一定的竞争关系（Lawson 和 Mace，2009），所受到的影响既与兄弟姐妹的性别结构等特征有关，也和兄弟姐妹所处的生命阶段有关（Voorposte 和 Blieszner，2008）。

二　代际支持三层面的动态影响机制

无论是老年父母还是成年子女，在他们共同的生命历程中，时常伴随着在经济、生活照料和情感支持方面的互助行为。其水平的高低不是维持不变，而是有着动态的发展规律。Antonucci 基于生命历程的视角提出的 Convoy 模型认为，个体一生中不断扮演和摆脱各种不同的角色，在这个过程中个体的支持网络在发生改变，随着不同阶段中需求和角色的变化，与他人的支持交换也在发生变化（Antonucci 和 Akiyama，1987）。随着年龄的增长，老年人与其他社会关系，如朋友、邻居、亲属等最终会失去联系，而与家庭尤其是子女的亲密关系得到加强（Antonucci，2001）。但目前关于代际交换行为动态发展机制的研究存在着时间与空间的割裂、宏观与微观的割裂。

本小节分别从宏观环境、家庭和个体层面分析个体的代际交换行为动态变化的作用机制。首先，个体的发展道路和行为选择往往受到宏观环境的影响和构建。家庭代际关系和家庭结构是一个具体的和历史的范畴，不同社会形态中的代际关系是不同的。其次，家庭空间是个人唯一全身心投入的社会空间形式，也是构成社会空间的基础细胞，这个空间是现代社会存续的基本社会单位。家庭事件的发生以及由此带来的家庭角色的转变，以及家庭成员间的相互影响是个体发展的"近体过程"。最后，个体的人具有生理和心理特性，从青年到中年再到老年，往往经历生理功能由盛到衰、心理发展日趋成熟的过程。

（一）宏观环境层面——出生队列的历史效应

近年来，学者们越来越关注在宏观的社会转型背景下，微观家庭养老支持力和个体行为的影响，被普遍接受的观点认为，这种社会变迁导致了老年人尤其是农村老年人可获得的养老资源减少，弱化了家庭养老的功能（Cogwill，1974；Goode，1970；杜娟、杜夏，2002；乔晓春，2000），但类似的研究多利用普查数据进行理论推演，微观的调查数据特别是纵贯数据采用较少，假设较为宽泛。有学者从现代化进程的主要特征——城市化给农村家庭养老带来的影响着手进行研究，结果表明农村的年轻劳动力外流给老年人的代际支持带来双重影响，子女对老年人的经济支持力度有所增强，但老年父母得到的日常照料减少，同时留在家中的孙子女也加重了老年人的经济和日常照料负担（Silverstein 等，2007b；张文娟、李树苗，2004b；张烨霞等，2008）。日前研究所通常使用的"代"（Generations）这一概念包含了再生产（Reproduction）的含义，更确切的是它与群体而非与个人相联系。实际上，父代和子代内部的出生年代差异也很大，这种时间跨度越长，同一世代的历史体验差异越大。

20世纪40年代至今是中国农村社会变革最剧烈的时期，突出的标志是40年代末至50年代初的土地改革、50年代后期人民公社制度的建立、80年代初家庭联产承包责任制的实行以及80年代中期至今农村年轻劳动力外流势头的迅猛发展（王跃生，2009b）。本研究的老年人样本，最年轻的是1941年出生的。与老年父母相对应的成年子女样本，最年长的是 1946 年出生的，他们大都是在农村土地改革之后和新中国成立之后出生的。因此，无论是老年父母还是子女，他们大都完整地经历过 20 世纪 40 年代至今的农村社会变革，制度环境和社会发展水平的变化直接影响了他们的婚姻和家庭行为。在这一期间，土地改革、集体所有制运动、三年困难时期、"文化大革命"、计划生育政策出台及改革开放等历史事件让不同队列的人群在不同的年龄阶段经历这些历史时期，从而给不同队列的老年人和子女打上了历史烙印。

下面对这些主要的历史阶段和事件给不同队列的老年父母和子女可能带来的影响进行逐一分析。表 3-1 和表 3-2 分别是老年父母和成年子女样本在这些重大历史事件发生时期的年龄参照表。

表 3-1 老年人样本在重大历史事件发生时期的年龄参照表

单位：岁

出生年份	队列编号	土地改革	集体所有制运动	三年困难时期	"文革"开始	"文革"结束	计划生育	民工潮
		1946 年	1956 年	1960 年	1966 年	1976 年	1979 年	1985 年
1912~1916	6	30~34	40~44	44~48	50~54	60~64	63~67	69~73
1917~1921	5	25~29	35~39	39~43	45~49	55~59	58~62	64~68
1922~1926	4	20~24	30~34	34~38	40~44	50~54	53~57	59~63
1927~1931	3	15~19	25~29	29~33	35~39	45~49	48~52	54~58
1932~1936	2	10~14	20~24	24~28	30~34	40~44	43~47	49~53
1937~1941	1	5~9	15~19	19~23	25~29	35~39	38~42	44~48

表 3-2 成年子女样本在重大历史事件发生时期的年龄参照表

单位：岁

出生年份	队列编号	集体所有制运动	三年困难时期	"文革"开始	"文革"结束	计划生育	民工潮
		1956 年	1960 年	1966 年	1976 年	1979 年	1985 年
1946~1950	7	6~10	10~14	16~20	26~30	29~33	35~39
1951~1955	6	1~5	5~9	11~15	21~25	24~28	30~34
1956~1960	5	0~4	0~4	6~10	16~20	19~23	25~29
1961~1965	4	—	—	1~5	11~15	14~18	20~24
1966~1970	3	—	—	—	6~10	9~13	15~19
1971~1975	2	—	—	—	1~5	4~8	10~14
1976~1980	1	—	—	—	—	0~3	5~9

1. 土地私有制时期

"土地改革"之前的中国农村社会发展缓慢，整体而言，和明清相比没有显著不同。特别是广大内地农村，无论是生产力水平、生产关系状况，还是风俗、习惯乃至观念，基本上保留了传统时代的特征（王跃生，2006b）。该时期教育水平低下，90% 的农村人口是文盲，教育以旧式的私塾教育为主；父系单系继承，宗族血缘关系对个人发挥主要的约束作用；子女服从和孝顺父母，处于传统的社会文化形态之下。较早出生的老年父母 3、4、5、6 队列，他们在受教育和社会化的早期阶段，处于传统的生活背景下。因此，相对于更晚出生的老年父母队列，他们在观念上更传统一些。

2. 土地改革时期

土地改革直至家庭联产承包责任制实行阶段，农村生产力水平并无明显进步，但实现了农民土地所有制，政权性质得以改变。1950 年新婚姻法颁布，家庭权威开始衰弱。

3. 集体所有制运动时期

1956 年开始，逐渐形成"一大二公、政社合一"的人民公社制度。农民家庭丧失生产功能，家长地位及其对成年子女的约束能力进一步被削弱。男女同工同酬、平等的意识得以张扬。教育有所发展，这个时期由于对迁移有严格限制，绝大多数成年人及其子女都被禁锢在其出生的村庄内。但从这时起，家庭的裂变频率加快。除三年自然灾害外，人口增长率从 20 世纪 50 年代开始一直不断攀升，20 世纪 60 年代为新中国成立后人口增长最迅猛的时期。平均每对夫妇拥有的成年子女数量增至 5 个以上。从本研究的样本特征来看，较晚的 3 ~ 4 个老年父母队列的生育年龄阶段大致处于中国人口自然增长率较高的这一时期，因此晚队列的子女数量较多。相应的，出生年份在这一时期的子女 3、4、5 队列的兄弟姐妹数较其他队列更多。

4. 三年自然灾害时期

最早的 5、6、7 子女队列在三年自然灾害期间正处在身体生长和智力发育的重要阶段，足够的营养供给对他们来说非常必要，一旦未能充分满足，将会对他们的身心健康造成一定负面影响。

5. "文革"时期

"文化大革命"于 1966 年开始，1976 年左右结束。十年的"文革"令全国所有的学校进入停课状态，大学入学考试取消。"文革"对成年子女的影响最大之处表现在受教育的水平上。"文革"期间，成年子女 4、5、6 队列刚好处于 7～16 岁间，这个年龄段本应该是九年义务教育的阶段，而这场政治运动在很大程度上致使这一人群的受教育程度大大降低，继而可能影响到他们今后的个人发展和经济收入。相比较而言，其他队列在教育方面受到的影响较小。

6. 联产承包责任制的实行

1979 年起步，1982 年迅速获得成功。土地的使用权和经营权下放给农民，家庭的生产管理职能得以恢复，开始出现大量农业过剩劳动力。

7. 计划生育政策

20 世纪 80 年代之前，生育控制政策在农村基本上处于引导阶段，之后才开始实行严格的控制。它作为一种制度约束了农民的生育愿望。对于早期出生的子女 6、7 队列，计划生育政策严格执行时他们为 24～33 岁，此时已经进入了他们的生育年龄阶段，因此受到的影响较小。而其后较晚出生的子女队列的生育数量相对较少。相应的，晚队列的老年父母家庭的孙子女数目较少。

8. 民工潮

20 世纪 80 年代以来，农村城市化与非农化成为中国社会结构变革中最醒目的景象。1985 年，中共中央国务院文件首次提出允许农民进城开店、设坊、兴办服务业，提供各种劳务。80 年代中期之后，民工潮出现了骤然激增的现象，此后随着 90 年代以后户籍制度改革的出现，农民外出呈逐年递增的趋势。2008 年，全国共有 2.25 亿农民工，其中在本乡镇以内就业的农民有 8500 万，离土不离乡的农民占 37.7%；在本乡镇以外就业，离土又离乡的农民共有 1.4 亿人，占 62.3%（陆学艺，2010）。在未来较长的时期内，中国农村人口向城市地区的流动将继续存在，且其规模仍有不断加大的趋势（Force，2006；国家统计局农村社会经济调查总队，2004）。蔡志海等在湖北农村的调查反映了这种趋势，90 年代早期，大多数农民外出的模式一般是一家只有一人外出，留下 1～2 个劳动力在家务农。90 年代中后期至今，农民中绝大部分青壮年劳动力一般就不再待在家里务农了，一般没考上高中、大学的或者在中学中途辍学的都出去打工了。而结婚的年轻人无论是否有孩子，也都结伴出去打工（蔡志海，2008）。巢湖的地理位置比较优越，与合肥、上海、南京等城市毗邻，农民自发流动以前所未有的态势不断增长。家庭劳动力出现明显分化，单一的小农角色被打破。农民社会心理、家庭家族权利、长老权利均在弱化。功利的人际交往意识代替了传统观念。

一个时代特有的观念和意识不仅会影响那个时代的民众，而且也会有诸多遗产保存和流传下去。无论是老年父母还是成年子女样本，都曾经被卷入不同形式和程度的社会运动和历史阶段中，其生活受到特定的制度环境的熏陶，他们的婚姻、生育和家庭行为被校正和重塑。综合以上的分析结果，结合中国近几十年农村经济、社会各项事业发展的大背景，我们可以得出以下推断：较早出生队列的老年人比较晚出生队列的老年人可能在家庭观念上更传统、子女数更少、平均每个子女的孙子女数较多、有子女外出打工的比例更小；较早出生队列的成年子女比较晚出生队列的成年子女可能受到来自父母的更多传统观念教育的熏陶、受教育水平更低、兄弟姐妹数更少、健康状况更差、子女数更多、外出打工的可能性更低。

（二）家庭层面——生命阶段的效应

美国人类学家佛勒尔、夏普等的研究认为，老年人地位和社会待遇的变化并不一定是由于现代化，即对老年人的地位有决定影响的不是"前现代性"，而是生计压力。随现代化而来的变迁，是一种社会文化接纳和改造新因素的内在时间过程，而家庭代际关系在很大程度上应该受家庭成员相互作用的"近体环境"因素的影响（杨晋涛，2003）。代际交换作为家庭成员间密切依赖的互动行为，代表着控制家庭实际情况的方式（边馥琴、约翰·罗根，2001），必将受两代人各自所处的家庭生命阶段的影响。日常生活中往往将个体生命事件的发生用年龄来作为时间的刻度，比如"在25岁时结婚"这样的说法。但生命事件的发生并不必然出现在某个年龄上，两者之间只是一种偶然的联系。

第一，代际交换主体自身"关键性生命事件"的发生可能会成为代际交换行为得到加强或弱化的标志。伴随着"关键性生命事件"而发生的往往是主体在家庭和社会角色方面的转变及其生命阶段的变动。对于老年人而言，"丧偶"事件的发生意味着他们作为配偶角色的丧失；"停止工作"事件的发生则意味着作为社会人角色的部分丧失，且对于农村老年人来说往往带来家庭经济贡献者的角色丧失。这两者均标志着其生命历程中重要的角色转变（Transition）。而对于成年子女而言，"结婚"事件的发生意味着他们作为配偶角色的获得；"生育第一个子女"事件的发生意味着他们作为父母角色的获得；"子女全部成年"事件的发生则往往意味着他们作为子女主要生活照料者和监护人的角色的失去。这些家庭角色的获得或失去将伴随着时间的推移对他们所得到或付出的代际支持水平高低产生影响。值得注意的是，同一生命事件的发生可能会给多个家庭成员的角色获得或失去造成影响。例如，成年子女"生育第一个小孩"这个事件会同时带来成年子女"父母角色"的获得以及老年父母"祖父母角色"的获得。

第二，中国农村老年人及其子女的生活和他们之间的代际交换行为是"相互联系"地贯穿于其整个生命历程中的。生命历程理论的"时间性原理"认为个人经历和角色转变对个人的影响取决于个体所处的生命历程位置。同时，"相互联系的生命原理"指出，在社会和家庭关系中，个体角色的转变和生命事件的发生也会给彼此的发展带来相互影响（Elder 等，2003）。具体到三代扩展家庭的代际交换问题而言，这种相互影响会以多种方式表现出来。如代际交换的主体同时所承担的不同家庭角色之间可能会存在目标方面的冲突，如成年子女父母角色的获得和自身作为子女角色之间的冲突，即成为所谓"夹层一代"（Sandwich Generation），必须同时承担抚养孩子和照顾老人的责任。同样的，老年人对不同子女来说，其祖父母角色也可能存在角色上的冲突，即如何将时间和精力在孙子女照料方面进行分配。这些家庭角色的冲突，如果解决和处理不好可能使家庭成员在所得和付出方面感到不公平，继而引起家庭矛盾和冲突。除此之外，还要考虑个体生命转变和家庭成员转变的同步性。个人转变同家庭成员转变同步是生命历程中至关紧要的一方面，尤其是当个人目标同家庭整体的需要相冲突时。一个家庭生命事件的发生对于代际交换主体的影响，其性质往往取决于自身处于什么样的生命阶段之中。例如，某位子女的其他兄弟姐妹生育了新的小孩可能对其和老年父母之间的代际支持行为带来部分的影响，但如果该子女也同样有年龄很小的孩子需要老年父母帮助照料，就形成了对老年父母照料资源的竞争局面。此时该位子女可能会借助提高对老年父母经济支持的方法来吸引老年父母为其提供帮助。

（三）个体层面——老化效应

实际年龄是决定我们身体状况的一大因素，同时大概也是我们感到衰弱的尺度。如果其他情况相同，中年将与较弱的视力、较少的精力及其他衰弱的标志相联系。在心理学界影响颇深的毕生发展理论强调个体发展的生物性的动力因素，强调个体贯穿一生的成熟和发展。

年老增龄不仅仅意味着健康的衰弱，还标志着心理的成熟和对自身和他人认识观念的整合。不同年龄层群体对接受新生态环境冲击的涵化速率也不同，年轻人受社会变迁相关因素的影响效果远大于年长者。假设年龄是影响代际交换水平的因素，那么这种变化将随着个人经历或成熟度的增加而变化。例如，Carstenson 等（1955）认为，每个人随着年龄的老化，情绪上都会变得稳定一些，而这正是有利于代际情感交流的。

通过以上分析表明，生理、家庭和宏观各有独立的作用机制，所以是异步的。代际交换主体自身以及其他家庭成员所处的生命历程可能成为具有独立影响的变量。家庭代际支持行为的变化发展不仅受个体生理老化（Aging）的影响，而且也受个人所扮演的家庭与社会角色（Role）的影响。当然，上述针对个体和家庭生命事件的发生对于代际交换影响的分析还应该考虑的一个重要方面就是性别。在当前中国农村养老责任主要在儿子身上的情况下，女儿（姐妹）一方生命事件的发生及其所处的生命阶段，对于老年父母以及儿子（兄弟）的影响可能相比起儿子（兄弟）来说要小得多。同样的，子女对于老年父亲和老年母亲的影响机制也会有所不同。

第二节　代际支持年龄模式

一　代际支持年龄模式的提出

生命历程的理论视角强调多种时间背景对于人的发展的重要性（樊欢欢，2000），注重在个体研究层次上分析个体内（Intra-individual）特征和行为的发展变化的规律，契合了本研究关于个体发展的微观和宏观层面之间相互作用的主题，因此成为本书最重要的研究视角。年龄是生命历程理论和毕生发展观的共同要素，体现了老年人生命历程中的代际支持的动态发展规律。代际支持行为随着个体发展的变化可能是动态的和非线性的。而人口寿命的延长更增加了人们在人生的某一个特定阶段同时扮演几种不同辈分的可能性，由此带来家庭代际支持行为的复杂性，现代化为社会生活所带来的经济发展、人口流动、城市化和观念等的变化更是增加了这种行为相互作用的复杂性。因此，只有结合个体生命历程（Life Course）发展的视角进行动态和多角度的综合研究，才有助于更深入地认识其规律。

本书中提到的"家庭"不是由地理上必须居住在一起的家庭成员所构成的，而是由老年父母、所有子女及所有孙子女紧密连接的三代所构成的扩展家庭（Extended Family）。家庭内的"代际"关系和其他成员间的关系，如兄弟姐妹关系是处在家庭领域中加以定义的"世代"（Generation）关系，微观家庭内代际关系的存在是因为家庭和亲属制度是社会的基础结构，这种关系可以体现在生理或年龄、出生顺序等，但不一定和年龄发生必然联系，而是在家庭和血缘关系基础上生长出来的，具有家庭特殊性。而年龄作为社会生活中更加普遍、可准确比较和计量的标准，年龄关系参考的是非血缘关系的框架，因而在社会制度上的意义相较于家庭的世代关系显得更加重要（杨晋涛，2003）。因此，家庭层面上成员间的责任和义务关系，其作用机理深植于家庭内部，家庭环境因素的作用和更大的社会环境因素的作用机理和内在动力并不重合。因此，对家庭代际支持的年龄发展规律进行研究，既要关注伴随着个体生命历程同时发生的、衰老过程中的、与血缘关系有关的文化要素，也要关注该过程中与非血缘关系有关的文化要素。社会变迁具有复杂性，存在年龄标准和世代标准共存和纠葛的状况。而年龄规律的认识对于现代国家实施内部管理来说，比世代标准更加具有普遍性和准确性，因此具有重要的意义（杨晋涛，2003）。时间并不是形成差异的直接决定因素，只不过是经由时间的延展，使得差异的效果凸显出来罢了。

生命历程理论对年龄进行多元化的分析，从生命时间、社会时间以及历史时间三个角度对生物学意义上的年龄概念进行解构。生命时间是指实际年龄，即人们日常概念中的年龄，代表个体在个体老化中所处的位置，即生命周期的阶段。但如果像以前的研究那样仅仅按生命时间划分群组，就很难用家庭或历史因素解释群组之间的差异，也无法发现个体与环境变化的联系。社会时间，指扮演特定角色的恰当时间，它在我们的研究中反映了家庭对个体发展的实时影响。历史时间指出生年份，即人口学的"Cohort"概念，代表个体在历史中所处的位置。因此，从这种多元的年龄视角分析农村家庭代际支持行为及其模式的演变，无疑是对代际支持理论研究的发展。目前，国外学者提出了许多生命历程分析的模型和框架，为我们的研究提供了借鉴之处。

在分析方法上，由于"代"的概念本身就是一个片段化的社会时间概念，所以可以通过个人生命时间——年龄这个渐变的变量直接进行替代。本研究将生命时间、家庭时间和历史时间这三个时间维度上代际交换的变化，分别加载到老年父母及其子女的年龄变量上来反映。年龄变量是最主要的变量（Gordon 和 Longino，2000），因为其实际分布与中国社会历史发展进程密切联系在一起。由于年龄变量是透视历史的时间变量，因此，只有从历史的视角才能够完整地理解这个变量的影响，同时年龄变量又是一个反映个人生活周期的变量，因此对其分析需要有更深入的理解。本书所研究的"代际支持年龄模式"是指，代际交换水平随着个体层面上老年父母或成年子女的年龄变化所体现的历时发展变化的动态规律，表现为伴随着个体生命历程同时发生的、衰老过程中的、与血缘和非血缘关系均有关的文化要素的作用。与"社会性别"的分析框架类似，这里的"年龄"概念区别于一般生理和自然意义上的"年龄"。它是指社会文化中形成的对不同年龄或年龄段群体间差异的理解，以及社会文化中形成的属于不同年龄或年龄群体的特征和代际交换行为方式。已经有不少学者致力于"年龄社会学"的研究，认为可以像讨论"社会性别"那样对年龄建立类似的分析框架。因此，可以说本研究所试图建立的年龄模式也可以更准确地被称为"社会年龄模式"。

在进入老年阶段后，中国农村的老年人与其子女间的代际交换究竟会随时间的推移和年龄的增加有怎样的变化规律？在本书的研究中我们采用生命历程的理论框架，从生命时间、历史时间以及家庭时间三个维度（年龄的三种时间维度）对生物学意义上的年龄概念进行解构（包蕾萍，2005；Elder，1975），借此将年龄、队列和个体生命历程这三种与时间有关的变动区分开。生命时间维度的年龄是指实际年龄（Chronological Age），即日常概念中的年龄，代表个体在个体老化进程中所处的位置；历史时间维度的年龄指个体所属的出生队列，代表个体在历史中所处的位置；家庭时间维度的年龄指特定家庭角色的扮演。

生命时间角度下的实际年龄即日常概念中的年龄，基于需要理论，伴随着年龄的增长，健康状况的逐渐衰弱和社会地位的下降削弱了老年人的独立性而使之对外界的依赖性增强，他们往往要得到其他家庭成员更多的照顾（熊跃根，1998），与此相对应，他们为子女继续提供经济支持和生活照料的能力下降了。

为了借助历史和家庭因素解释群组之间代际交换量的差异，探讨个体社会和家庭环境对老年人个体代际交换行为的实时影响（Ancona 等，2001），我们进一步定义历史和家庭时间维度的年龄，历史时间维度的年龄指个体所属的出生队列，代表个体在历史中所处的位置。由于同一"代"的个体并不是拥有共同历史时间位置的人，如我们调查中的农村老年"父母代"样本的出生年从 1908~1941 年，上下相差 30 多年，时间跨度越长，"代"内的历史体验差异越大。而近百年来中国社会正是经历了巨大的变迁，目前生活在农村的老年父母们往往出生于不同的历史阶段，他们在一生中不同的年龄段上经历了各不相同的历史时期，他们的观念、行为方式等无不打上了时代的烙印。改革开放以来尤其是 20 世纪 80 年代开始，伴随着现代化、城市化以及劳动力大规模外流，农村社会的文化观念和人口结构也在发生着翻天覆地的变化，这种社会大环境会给不同队列的老年人家庭中的代际交换行为带来深刻的影响。因此，在研究家庭代际交换随时间变动的问题时仅借助"代"的概念就显得跨度太大，必须细分不同出生队列的影响。"队列分析"最早由 Ryder 从传统人口学引入社会学领域借以对社会变迁进行研究（Ryder，1965），是生命历程研究的重要内容。

生命历程理论中"相互联系的生命"原理强调个体行为嵌套于具体的社会和家庭关系当中。据此，本书家庭时间维度的年龄指特定家庭角色的扮演。通过血缘和法律关系而连接起来的家庭内代际关系在实质上提供了抵御外界环境风险的危机缓冲机制，对家庭内各代人往往都有好处（Costanzo 和 Hoy，2007）。对于一定程度上尚处于个体自然经济且缺乏社会保障和社区服务的中国农村家庭来说尤其如此，农村老年人家庭中老人和子女间的代际交换保证了老年人在年老体弱时得到晚辈的经济支持和健康照料，同时在子女因工作需要离家时老年人会提供资金支持促其成行，并通过承担家务、照料未成年孙子女等行为，免除子女的后顾之忧。

二 代际支持年龄模式的特点

（一）以"三代扩展家庭"作为分析单位

本书所构建的代际支持年龄模式很重要的特点是脱离了原先的一对一

的研究模式，将分析单位扩展到了多代的扩展家庭（Multi-generational Extended Family）。虽然几次大的社会运动对传统家庭观念造成一定的冲击，但以农耕为主的谋生方式和私有土地制度及建立在其上的以儒家思想为核心的道德伦理仍然得到了一定的保留。总体上，社会变革环境下新制度的建立对婚姻和家庭变动起到了推动作用，但在农村，人们最予以优先考虑的，仍然是对抱成一团的大家庭所负担的义务（王跃生，2006b）。农村家庭成员的代际支持决策往往是家庭整体决策而非个人行为的结果。中国传统文化的家庭中心主义不仅是中国人代际交换行为的单位，更多的是整个三代的扩展家庭而非西方的个人或个人的核心小家庭。家庭不是被动地受社会变迁的影响，而是以自己原有的特点对社会做出反应，这种反应的结果是家庭各成员之间的合力。以生命历程视角来研究多代扩展家庭，提供了一个将宏观社会变迁的背景与家庭及其成员互动结合起来进行考察的视角和机会，将加深对个人、家庭和社会变迁三者之间相互关系的理解。

（二）考察代际支持发展的动态性

本书所构建的代际支持年龄模式考察的是长时间内的动态发展规律，如老年父母的整个老年阶段内、子女的整个成年期，而不是某个特定阶段内的代际支持交换水平。代际交换行为，像个体一样，并不是一成不变的，它们是沿一定的轨道发展的。这条动态的轨迹在研究和理论中经常被假设，很少用经验去检测。另外，借助该年龄模式的分析结果，我们可以检测出其发展的轨迹曲线是怎样由个人生命构成的，以生命历程地位（如年龄、家庭角色）和家庭转变（如下一代出生）的形式呈现。

生命历程的观点不是集中于内在年龄关系发展的展开，而是强调年龄经历应该结合生命历程中的系列转变而分析，这些转变能够塑造个人的行为活动。生命历程理论不仅把离家、结婚及生子等看作人生成长经历的标准组成部分，而且把他们看作能以不同形式结合起来构建不同个人阅历的变量。Ryder 最早将队列这一人口学的经典概念引入社会学的研究（Ryder，1965）。队列分析有助于将年龄和队列这两种与时间有关的变量区分开，这种区分是将因变量的变化归因于生理原因或是社会原因的关键。年龄效应主要代表了个体内部的发展，而队列效应反映了外生的社会环境因素造成的影响（Yang，2007）。在不考虑队列效应的情况下，一方面，增龄带来的代际交换的变化对所有不同队列的所有个体都产生作用，另一方面，不同出生队列群体之间的差异源自于不同的队列群体所经历的不同社会风险的作用。虽然观念、代际关系有过队列分析，但运用在代际交换方面尚未有涉及。

（三）考察了家庭成员间的互动关系

通过动态年龄模式的系统研究来分析农村家庭代际支持的作用机制是一个全新的视角，有利于从家庭内部老年父母与子女的互动过程中思考、理解和研究他们的代际支持行为，以及对老年人的生活状况产生的正面和负面的影响。

在由老年父母、子女及其孙子女构成的扩展家庭（Extended Family）中，家庭成员不一定居住在一起，但结成了密切联系的网络，上述模式往往同时支配着网络内资源的分配行为。但在中国农村，在老年父母相对于子女经济状况更加弱势、子女是父母养老的主要支持者的情况下（Lee 和 Xiao，1998），合作群体模型被证明更具有解释性。该理论认为代际关系犹如合作群体，使得契约得以跨越时间实施（Lee 和 Xiao，1998；Shi，1993）。根据代际交换理论，父母和成年子女提供代际支持的资源和能力以及他们对代际支持的需求决定了其各自在代际支持中的位置，而从时间纵向来看，上述能力和需求是处于不断变化之中的，即表现为老年人的生理老化所致的衰弱和社会角色的退出，也表现为伴随着社会的现代化进程，老年人家庭权威的下降和年轻人自我意识的加强。而与此同时，农村年轻劳动力的外迁趋势又增加了代际的相互依赖，例如子女更加依赖老年父母对孙子女的照料，从而在器械支持与经济支持间进行交换，但伴随着孙子女逐渐长大成人，这种交换又可能受到削弱。基于上述的分析，本书认为代际交换水平的动态变化既受个体老化和增龄的影响，也受社会发展趋势的作用，同时也和家庭生命阶段相关。

（四）考察了性别差异

以男性为中心的父系家庭体系一直是在中国农村占据统治地位的传统模式，导致了家庭养老中存在较为深刻的性别差异（宋璐，2008）。因此，性别也是本研究的另一个重要视角。农村老年妇女比男性在社会经济和健康方面更加脆弱，因此更加依赖子女的支持，但同时，作为家庭传统照料者的身份又使得老年妇女在获得子女自愿提供的支持方面比老年男性更有优势。通常状况下男性老人并不是代替其子女照料孙子女的人选（Neugarten 和 Weinstein，1964）。女性老人，而非男性老人在照料孙子女时，得到子女更多的经济支持（Yang，1996b）。另外，儿子和女儿在家庭中的身份地位和功能存在明显差异（Greenhalgh，1985a），儿子是农村老年父母经济支持和器械支持的主要提供者（张文娟和李树茁，2004b），老年父母也更倾向于为儿子照料孙子女（Chen 等，2000）。儿子在农村老年人生活中的重要角色与中国的传统婚姻家庭制度有关，而中国农村社区服务、社会保障制度的不完善更突出了儿子的重要性。但也有结论认为，老年父母的性别差异可能随着年龄的增大而有所缩小（Cherlin 和 Furstenberg，1986），并且经济和社会转型使中国家庭经历了重大改变，尤其是劳动力转移所带来的家庭结构和代际关系的变化影响了老年人家庭的代际支持行为以及内部的分工模式。随着年轻女性越来越多地参与外出劳动，儿子与女儿的养老功能差异在不断缩小（宋璐和李树茁，2008a）。

第三节　代际支持动态年龄模式分析框架

虽然生命历程理论作为一个跨学科的研究范式已为学者们广泛接受，已经形成了其主要的原理和一套关于个体发展的核心概念体系，并且发展出了丰富的统计模型。但是如何将其转化为本研究的实际理论问题以及在变量设计和测量方面如何实现核心概念的确切定义，进而选择或构建能充分反映中国农村家庭代际支持特点的统计模型也是本研究的关键。根据前文的分析，分别建立起了老年父母和子女角度的代际支持年龄模式的分析框架。

图 3 - 1 是以老年父母为分析主体的代际支持年龄模式分析框架图。对于每个老年父母个体而言，其代际交换的对应一方是其所有的成年子女，第三代孙子女作为三代扩展家庭的重要成员，对于成年子女和老年父母的家庭角色和生命阶段的转换起着重要的作用。特别要说明的是在图中，儿子和女儿所处的生命阶段是将所有的儿子和所有的女儿作为一个整体来看待和测量。

图 3 - 2 是以成年子女为分析主体的代际支持年龄模式分析框架图。

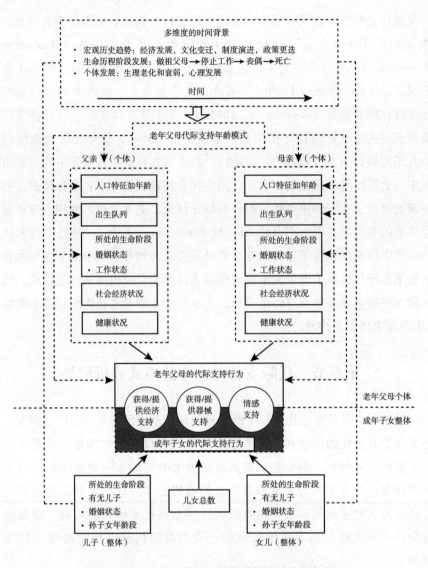

图 3-1 老年父母代际支持年龄模式的分析框架

这里的成年子女为个体的层次，其代际交换的对应一方是其老年父母，但第三代孙子女及其他的兄弟姐妹作为三代扩展家庭的重要成员，对于个体成年子女及其老年父母间的代际交换水平起着重要的影响作用。因此，图 3-2 中，兄弟姐妹是作为一个整体加以看待和测量的，孙子女的出生和年龄阶段对于老年父母、子女和子女的兄弟姐妹的生命阶段均有影响。

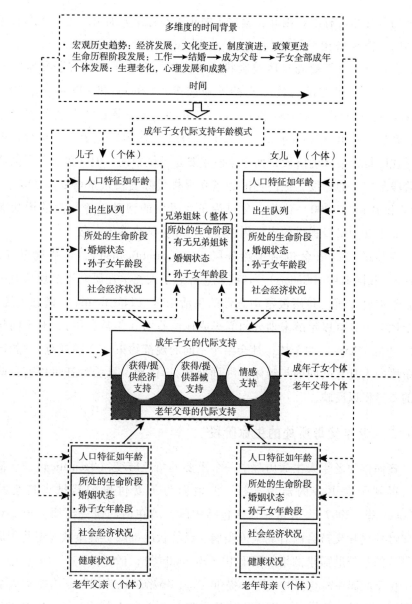

图 3－2　成年子女代际支持年龄模式的分析框架

下面对分析框架图中主要的变量作用加以说明。

一　老年父母与成年子女的年龄和所属出生队列

年龄是影响子女和父母代际支持行为的显著因素，由于老年人所能用来交换的资源相对有限，因此，相比于中年人和青年人而言，老年人和青年人之间的交换水平比较低（Bengtson 和 Dowd，1980；Dowd，1975）。研究证明，在控制父母年龄和身体健康状况等特征的前提下，随着子女年龄的增长，他们接受和提供的代际支持不断减少（Cooney 和 Uhlenberg，1992b；Eggebeen，1992；Eggebeen 和 Hogan，1990a）。但是该因素与代际支持之间的关系还存在争议（Cabrera 等，2007）。Hill（1970）认为，老年和童年是接受代际帮助最多的阶段，而中年段主要是提供帮助。但是也有学者强调老年阶段是中年的延续，他们仍旧为子女提供代际支持（Morgan，1982）。而 Rossi 和 Rossi（1990）认为，父母为子女提供的帮助随着年龄的增加而减少，而子女为父母提供的支持则相反。但相关结论并不一致。

框架的关键概念包括年龄分层（Age Stratification）、年龄规范（Age Norms）和同期群（Cohort）。这些概念标志了人类学在研究年龄现象时关注的若干重要方面，并用极富动态性的生活历程（Life Course）概念来统率：一个社会中具有以年龄来划分的等级或地位差别（年龄分层），对不同年龄阶段（Age Stage）的个体，社会给予不同的规范约束（年龄规范），相同年龄阶段的人具有共同的年龄体验（同期群）。因此，社会变迁可以通过队列间的差异得以反映。

二 老年父母所处的生命阶段

丧偶作为老年人生命历程中一个重要的角色转变（Transition），会使老年人得到子女更多的器械支持，但他们为子女付出的器械支持会减少（Guiaux 等，2007）。对东亚地区包括中国台湾在内的研究证明，子女对老年父母的代际支持会随着老人因丧偶、经济状况下降、健康状况恶化等原因而导致的对帮助需求的增加而上升（Hermalin 等，1996）。

由于配偶在需要的时候可以提供支持，婚姻被认为增加了有配偶人群的福利；一旦婚姻解体，婚姻主体的缺失就会造成支持水平下降。这对于死亡率高、丧偶风险较大的老年人群来说，受到的影响尤其严重。而且由于男性和女性在社会和家庭中有着不同的定位，男性从婚姻带来的较高水平的社会支持中受益更大（Waite 和 Lehrer，2003），婚姻对老年父亲的保护作用更明显（Goldman 等，1995；Lillard 和 Waite，1995）。但也有一些研究结果与之相反。例如在一些由家长制导致的女性在社会、家庭资源方面处于劣势的国家，已婚女性在经济上依靠配偶。对老年母亲来说，丧偶往往就意味着失去主要经济来源，甚至失去一定的社会和家庭地位。因此，丧偶对女性的打击更严重。

三 成年子女所处的生命阶段

父母倾向于和未婚及离婚的子女居住以便为其提供帮助（Spitze 和 Logan，1990b）。而照料未成年子女是老年人获取经济支持的重要途径（Lee 和 Xiao，1998；Shi，1993）。在中国农村，老人照料孙子女相当普遍（Spitze 和 Logan，1990b），可以视为不同的支持资源在代与代之间的分配策略以及子女支持父母的能力，是老年人获取经济支持的重要途径（Cooney 和 Uhlenberg，1992b；Eggebeen，1992；Eggebeen 和 Hogan，1990a）。孙子女处于越小的年龄阶段时，需要越高强度的照料。本书据此将以有无子女以及最小子女的年龄阶段为标准划分子女的生命历程阶段。

四 其他个体特征因素与家庭结构因素

（一）老年父母和子女的教育

个人的社会经济资源，如较高的受教育程度会促进代际交换（Eggebeen 和 Hogan，1990a）。

（二）老年父母的健康

身体健康状况恶化是老年人产生日常照料需求的根本原因，由此引起的医疗费用增加也导致了其对经济支持需求的上升（Hermalin 等，1996；Hermalin 等，1992；Lee 和 Xiao，1998；Rogers，1996）。而良好的身体状况是老人为子女提供家务、子女照料等帮助的前提，贫困和不健康的身体状况都会减少对代际支持的提供（Eggebeen 和 Hogan，1990a）。代际支持研究中通常用日常生活处理能力、健康自评等指标来测量健康状况。

（三）子女数/兄弟姐妹数

家庭中所有子女的代际支持总和构成了老年人相应的代际支持，关于子女的数量与老年父母获得的经济支持水平之间的关系还存在争议。虽然不能排除子女的数量可能在很大程度上影响着老年所获的代际支持总量和单个子女提供代际支持的负担，但是近期的研究表明随着经济的不断发展，在家庭支持中，子女质量的作用已经开始凸显，在子女数量下降的背景下，子女质量对数量有一定的替代关系（彭希哲、梁鸿，2002）。同时，同一家庭内部的子女之间存在的攀比和竞争行为也会影响子女与父母间的代际支持行为。有研究表明，由于基于投资与回报假说的公平原则很难在多个儿子之间实现，从而形成了多个儿子对父母养老责任的相互推脱，在浙北农村的考察发现，在养老上多子不如独子（笑冬，2002）。

第四节　对代际支持年龄模式和分析框架的验证思路

在本章中，通过分析得出的中国农村老年人家庭代际支持年龄模式分析框架，指出了验证代际支持年龄模式的方向和具体操作途径，将对代际支持年龄模式假设的验证落实到分性别考察每一个影响因素对代际支持行为的作用方向。为进一步通过定量数据验证代际支持年龄模式，本节具体讨论代际支持年龄模式的验证思路和各假设验证的角度。

从本章对代际支持年龄模式和分析框架的分析中可以看到，代际支持年龄模式是关于论文核心内容结论的假设，而分析框架是文章提供的验证代际支持性别模式的方向和具体操作途径，两者之间是内容与工具的关系。农村老年人家庭代际支持动态发展机制的分析指出了代际支持年龄模式分析中所涉及的行为主体——老年父母、成年子女以及第三代成员（孙子女）及其相互之间的生命关联。代际支持行为不是存在于真空中，而是具有特定的空间和时间属性，这其中性别间的差异也是本书特别关注的特征。代际支持年龄模式分析框架则使得分析进一步细化，将对代际支持年龄模式的验证落实到分性别考察每一个影响因素对代际支持行为的作用方向。如果生理年龄、出生队列和借助关键生命事件的发生（诸如老年父母的丧偶、成年子女的结婚、生育下一代等）所界定的个体和家庭生命阶段变量的作用效应显著，则表明代际支持的年龄模式中个体层面、家庭层面和宏观环境层面的动力机制符合假设。

本书所提出的代际支持年龄模式包括老年父母和子女两个角度，分别讨论老年父母代际支持行为动态发展的年龄模式和成年子女代际支持行为动态发展的年龄模式。这一特点充分凸显了生命历程理论将分析层次落实到个体层面上的优势，克服了以往的代际支持的理论模型。虽然也有从老年父母和子女两个角度同时进行分析，但由于其基于"代际"层面的探讨，分析层次仍然是群体而非个体，往往是同一批假设在老年父母和子女两个角度上相互印证，而不是完全独立的假设。在本书所提出的代际支持年龄模式中，老年父母作为代际层级最高的一代人，和全体子女构成了代际支持付出和得到的对等的两方行为主体；而从成年子女的角度来看，在本书所关注的整个年龄阶段中，他们大多处于"上有老、下有小"的中间一代人，个体的成年子女与其老年父母之间相互支持的水平不仅要考虑自身的条件状况、老年父母的需求和能力状况，也要顾及他们下一代的需求，同时也可能受到共同分担养老责任的其他兄弟姐妹的需求和能力状况的制约和影响。作为个体的子女的代际支持动态变动的规律和作为群体的全体子女的代际支持的动态变动规律是两个截然不同的问题。在目前的研究中大多使用横截面数据。因此，这种历史变化的效应往往被视为年龄更大的样本组和年龄更小的样本组之间的差异，使得队列效应与年龄效应的作用相混淆（Riley，1973）。

以下是对本书所提出的代际支持年龄模式及其分析框架进行验证的关键点。

第一，借助追踪数据，能够将同时作用于代际交换的各个不同的时间效应加以分解。

第二，年龄变量作为三种时间变量的集中透视，其年龄发展轨迹反映的是作为个体（老年父母或成年子女）所能够体验到的未来代际支持发展的整体趋势。

第三，历史效应不但体现在模型结果中出生队列作用的方向和大小上，而且体现在队列和年龄的交叉项的方向和大小上。也就是说，队列的效应不仅表现在对代际支持水平高低的影响上，而且表现在对其年龄斜率高低的影响上。

第四，性别差异在老年父母的年龄模式中体现为两方面：其一是将老年母亲和老年父亲样本分开建立的模型之间结果的差异；其二是老年父母的模型结果中，成年儿子的生命阶段和成年女儿的生命阶段作用方向和大小方面的差异。

第五，生命阶段的划分实际上有着时间次序（Time Sequence）的含义。

第六，孙子女成为代际资源配置的重要约束因素，集中体现在对子女的生命阶段的定义和对兄弟姐妹生命阶段的定义上，充分考虑了孙子女的存在与否及其年龄大小。

第五节　小结

"年龄"作为最基础的社会和文化范畴之一，具有深刻的社会和心理含义，同时也在生命历程理论中有着重要意义，是个体生命、社会文化与历史背景的联结点。遵照生命历程研究范式，本书对"年龄"概念进行不同时间维度上的解构，从生命时间、社会（家庭）时间和历史时间三个角度进行定义，借此实现对农村老年人家庭代际交换从微观到宏观再到纵向的对生命历程发展轨迹的建构。本章所构建的代际支持的年龄模式将代际交换水平的变化既视为个体内部的发展，也视为与家庭特征有关的家庭成员间相互作用和约束下的结果，同时，也视为外生的社会文化、制度的历史变动构建下的结果。

为了全面分析和验证有关中国农村老年人家庭代际支持年龄模式，本章遵循以往代际支持分析中关注的焦点和判别代际支持模式的主要原则。生命历程的理论强调多种时间背景对于人的发展的重要性，注重在个体研究层次上分析个体内（Intra-individual）特征和行为的历时发展变化规律，契合了本书关于个体发展的微观和宏观层面之间的相互作用的主题，因此成为本书的主要研究视角。本章从生命历程理论的视角进行分析，探讨了代际支持的动态影响机制，提供了代际支持的年龄模式分析可能存在的维度和把握整体的关键因素，旨在为经济支持、生活照料和情感支持等单项支持的分析提供研究思路，以进一步研究不同性别的老年父母/子女之间提供和接受各项代际支持内容之间的相互关联和区别。

为了实现代际支持年龄模式的进一步可操作化，本章在对以往单项实证研究进行总结分析的基础上，对代际支持动态机制分析进一步细化，以对不同性别的个体和家庭结构影响因素的分析为基础，建立了单项代际支持年龄模式的分析框架。单项代际支持年龄模式分析框架可以分为两部分：子女年龄模式的单项代际支持分析框架和老年父母年龄模式的单项代际支持分析框架。

最后，为了将代际支持年龄模式和分析框架更好地结合，本章提出了对代际支持年龄模式和分析框架进行验证的具体思路和验证的关键点，为验证做准备。

第四章　数据采集

本章主要介绍调查地的选取和概况、样本选取；介绍抽样调查的目标、内容、抽样、执行与数据质量的控制；阐述多水平模型的基本原理和选取依据。

第一节　数据来源

本书采用的数据来自西安交通大学人口研究所在安徽省巢湖市进行的"安徽省老年人生活状况"跟踪调查。该项目已分别于2001年4月、2003年11月、2006年12月和2009年6月成功进行了四次调查。调查地概况如下。

安徽省位于中国东部，紧靠长江三角洲经济区，是临江近海的内陆省份。该省属于农业大省，其社会、经济发展水平及资源状况在全国处于中等水平。安徽省的人口中汉族人口占绝大多数，受儒家文化影响甚深，整体的社会文化背景、养老风俗、婚姻形式与中国绝大多数以汉族人口为主的地区相似。安徽省属于人口流动大省，是全国重要的流动人口输出地。根据2005年的统计结果，安徽省的跨省流出人口占全国的7.73%，居全国第三位（段成荣、杨舸，2009）。据安徽省统计局的统计结果，2012年，安徽省净流出省外半年以上人口规模巨大，高达914万人。其中，在外出半年以上的人口中，务工经商人员近80%。从流向看，外流人口主要集中于浙江、江苏、上海三省市，占流往省外人口的75.6%，其中，流向浙江的人口占28.6%、流向江苏的占26.8%、流向上海的占20.2%；其次，流向广东的占5.8%、流向北京的占3.7%，流向其他25个省份的仅占14.9%。

巢湖市位于安徽省中部，临江近海，环抱居于全国五大淡水湖之一的巢湖（见图4-1）。巢湖市与合肥、六安、安庆、滁州、南京等市相邻，与马鞍山、芜湖、铜陵三市隔江相望。巢湖交通便利，淮南、合九、合宁铁路，合裕、合浦、合铜等公路及沪蓉高速合安段、合巢芜、合宁、合铜黄、北沿江等穿境而过。长江流经巢湖市182公里，系皖江"黄金水道"，水陆交通四通八达，方便快捷。境内多山地、丘陵，经济状况在全省处于中游水平。辖庐江、无为、和县、含山四县和居巢区。根据2010年第六次人口普查主要数据公报，全市常住人口为387.3万人，户籍人口为460.8万人。全市常住人口中，居住在城镇的人口占40.65%，居住在乡村的人口占59.35%。和中国大多数的农村地区相同，该地区超过99%的当地农村居民属于汉族。

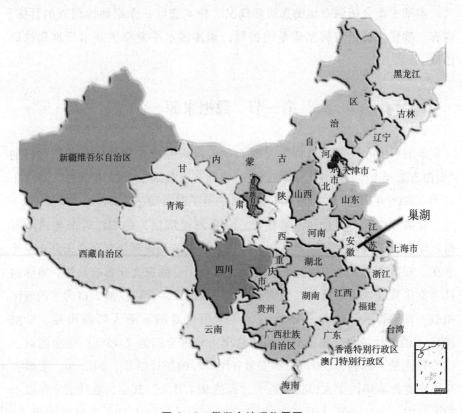

图4-1 巢湖市地理位置图

巢湖是中华文明的发源地之一，也是夏文化发祥地之一，连接着长江和黄河两大文明起源区。"巢文化"与长江文化、淮河文化、黄河文化密切关联，并与它们共同铸造了悠久辉煌的中国文化、东方文化，巢湖文明史与中华文明史等长。巢湖周边考古发现的 30 万年前的"和县猿人"、20 万年前的"银山智人"，以及石器时期的凌家滩文化、仙踪大陈墩遗址、槐林神墩遗址和多处殷商遗址等均提供了有力的证据。巢湖地处江淮之间的华东腹地，是连接中原与东南地区的重要通道之一。华东腹地在古代通过肥水连接淮河、通过濡须河连接长江。巢湖在春秋时期是楚国与吴国的交界地，也是古代南北方文化交流、传播、碰撞的重要地区。这片土地承西启东、迎北进南，不仅是东西文化交会地带（吴、越、闽、台大文化板块与荆、楚、湘、蜀大文化板块的交会地带），而且是南北文化交会地带（长江、钱塘江大文化区域与淮河、黄河大文化区域的交会地带），文化上广纳百川、兼容并包。巢湖自古便是水乡泽国，丰富的水资源孕育了以水见长的生态环境，带来了农耕文化的相对发达和"鱼米之乡"的闻名遐迩。巢湖因"奠淮右、阻江南"，历来又为兵家必争之地，曾演绎了一幕幕历史巨剧，给巢湖历史留下了厚重的一页。

巢湖市于 1999 年进入老龄化社会，到 2010 年底，65 岁及以上常住人口为 45.6 万人，占全部常住人口的 11.77%，同 2000 年第五次全国人口普查相比，该比重上升了 4.23 个百分点。尽管人口已经进入老龄化，但巢湖市公办和民办养老机构的现状堪忧，无论数量和质量均与需求有很大差距。截至 2011 年 4 月底，巢湖市共有公办公营养老机构 6 家、床位 365 张，民办养老机构 3 家、床位 853 张，与实际需求差距很大。在这种情形下，尤其是在巢湖市经济欠发达的农村地区，老年人仍然主要依靠家庭养老。

巢湖市是传统的农业大市，2005 年农村人口为 375 万人，耕地资源只有 240 万亩，人均耕地面积不到一亩，农村富余劳动力达 130 多万人。长期以来，农村地少人多，劳务经济收入成为农民增收的重要部分，形成了以"无为保姆""和县建筑"等为主要内容的"巢湖劳务"特色品牌。2003 年，全市农村劳动力总数为 207.9 万人，劳务输出人数为 85.5 万人，其中常年外出劳动力为 64.1 万人，占农村劳动力总数的 30.8%，全年劳务收入突破 30 亿元，同比增长 7.8%，位居安徽省前列。资料显示，2005 年，巢湖市 90 多万人外出打工，劳务输出收入为 46.5 亿元，占到农民总收入的 32%，少数外出务工人数多的乡镇更是超过了 60%。巢湖市外出务工人员构成的特点是：年龄构成上以中青年居多，45 岁以下外出务工者占 72%，其中20~34岁的外出务工者占全部外出务工人数的一半以上，31~45岁占1/3左右，而50岁以上的外出务工人员呈递减态势，其中55岁以上者不足5%；性别构成上男性占较大比重，男性约占60%，女性约占40%。与20世纪90年代中期男性外出务工人口高居7成以上相比，如今女性外出的规模和频率迅速提高，其流动的主动性也正在加强。巢湖外出务工人员从事的行业集中在建筑装潢、餐饮服务、商业零售、服装加工、家政服务等行业。从空间分布上来看，外出务工人员集中于以农业为主的人口大县，例如无为县、庐江县和和县（巢湖市委党校课题组，2004）。2011年7月14日，地级巢湖市被一拆为三，分别并入合肥、芜湖、马鞍山3市。2011年8月22日，地级巢湖市正式解体，设立县级巢湖市，由安徽省合肥市代管。地级巢湖市解体前一区四县的行政区划图如图4-2所示。

图4-2 巢湖市行政区划图

一 居巢区

巢湖市居巢区位于安徽省中部、江淮丘陵南部。居巢区区位优势独特，水陆交通便捷，位于皖江开发开放的中心地带，距省会合肥市和沿江开放城市芜湖市各60公里。南滨长江，怀抱巢湖，东与含山县交界，西北与肥东县接壤，南与无为县毗邻，西南隔兆河与庐江县相对，东北隔滁河与全椒县相望。全境东西宽50.8公里，南北长80.6公里，区域内水域面积为46378平方公里。2010年，全区辖11个镇、1个乡、5个街道办事处。据全国第六次人口普查结果，2010 年底，全区常住人口为 78.07 万人，其中，65 岁及以上人口为 9.90 万人，占 12.68%。同 2000 年第五次全国人口普查相比，65 岁及以上人口的比重上升 4.32 个百分点。全区常住人口中，居住在城镇的人口占 51.85%，居住在乡村的人口占 48.15%。

居巢区素有"鱼米之乡"的美誉，盛产粮油、棉麻、猪牛羊禽、鱼虾蟹鳖等 200 多种农副产品和水产品，水产品中银鱼、虾米、螃蟹久负盛名，被誉为"巢湖三珍"，远销海内外。农业上已形成优质米、优质油、优质棉、蔬菜、葡萄等十大生产基地，是国家商品粮、优质油菜生产基地区。巢湖市居巢区劳务经济蓬勃发展，2002 年该区外出务工农民达 6000 多人，人均创收 3500 元，共创收 2100 余万元，外出打工收入平均为每个农民创收 1105 元，占农民人均纯收入 2360 元的 46.8%。2011 年 7 月，居巢区撤销并改设县级。

二 和县

和县位于安徽省东部、长江下游北岸，东临长江（横江段），与马鞍山、芜湖市隔江相望，南与无为县相邻，北与全椒县毗连，西与含山县接壤，东北与南京市浦口区一桥之隔。全县南北长 75 公里，东西宽 36.4 公里，总面积为 1412 平方公里。和县辖 10 个镇、32 个居委会、107 个村委会。因处在长三角辐射范围内，和县区位独特，环境优越，交通便捷，劳动力资源丰富，生产成本低廉，已成为长三角地区梯度转移的现代工业制造基地，发展前景广阔。和县经济开发区属于省级开发区，规划面积 30 平方公里，重点发展轻纺、机械制造、食品加工等项目以及为开发区配套的服务业、基础设施和环境建设项目。

和县南北长、东西窄，境内地势由西北向东南倾斜。西北多山地、丘陵，土地面积占到全县的 42.4%；东南部为长江冲积平原，地势较为平坦，沟河港汊纵横交错，水库、坑塘星罗棋布。和县农民致富的源泉"三棚加一塘"（大棚蔬菜、大棚养鸭、大棚养鸡和精养鱼塘）就充分利用了这种地理优势，因而，家禽、水产养殖业和种植业都很发达。同时，作为传统的农业大县，和县素有"东柴、西米、南豆、北棉花"之称，粮食作物以稻、麦、豆、薯为主，经济作物有棉花、油菜籽、蔬菜等。因此，和县也成为国家商品粮、商品油基地县，无公害蔬菜生产示范基地县。

20 世纪 80 年代，和县农村就盛行"男学木瓦工，女学缝纫工"，服装企业一度达 400 多家，在北乡乌江、张家集一带尤为集中，许多缝纫工到南京、马鞍山打工。另有一些学习了木工、瓦工等手艺的农民到北京从事建筑"帮工"。门路大的带门路小的，有门路的带无门路的，到 1989 年已形成了约 3000 人的建筑队伍。1993 年和县被北京市首批确定为全国 22 个"建筑劳务基地试点县"之一，和县县政府成立了北京建筑劳务基地领导组，在京设立办事处，有组织、有计划地转移农村富余劳动力，有序的劳务输出、优良的工程质量、科学的管理机制，打造了"和县民工"品牌。

2011 年 8 月，经国务院批准（国函〔2011〕84 号），拆分巢湖市，所属和县（除沈巷镇）和含山县划入马鞍山市。后经马鞍山市研究决定，将和县的姥桥镇和白桥镇确定为马鞍山长江大桥"桥西经济区"，实行人员、财政、物资三独立。至此，和县下辖 7 个镇，分别为：历阳镇、乌江镇、香泉镇、功桥镇、石杨镇、善厚镇和西埠镇。

三 无为县

无为县位于安徽省中南部，与芜湖市、铜陵市隔江相望，距省会合肥市百余公里。距马鞍山市 90 公里，距南京市 120 公里，距杭州市 300 余公里，距上海市 400 余公里。无为县通江达海，承东启西，是皖江开发开放的前沿，与"长三角"山水相连，人文相亲。根据第六次人口普查结果，全县常住人口为 1180069 人，其中，65 岁及以上人口为 137758 人，占 11.67%。同 2000 年第五次全国人口普查相比，65 岁及以上人口的比重上升了 4.47个百分点。

无为县区位优越，位于皖江城市带承接产业转移示范区"长江轴"之上、"芜湖核"之内，芜湖、铜陵两座长江大桥横跨两翼，京福高铁正在加快建设，特别是随着北沿江高速、庐铜铁路、芜湖长江二桥、芜湖长江三桥、过江隧道、合杭高速等一批重大交通基础设施的规划建设，无为县区位优势更加凸显。无为县产业集聚，发展势头强劲。全县已形成以电线电缆超400 亿元产业为龙头，以新型化工、农副产品加工、羽毛羽绒和纺织服装等产业为中坚的主导产业体系，其中，电线电缆产业规模居全国四大电线电缆产业基地第 2 位，是安徽省最典型、最成熟、最活跃的产业集群之一。在主导产业加快发展的带动下，县域经济综合实力连续多年进入安徽省十强、中国中部百强县行列，2011 年位居中部百强第 32 位。

无为县资源丰富，生态良好。地处皖中的无为县是一个农业大县，也是全国有名的劳务输出大县。每年有几十万人在外务工、经商，其中 1/3 以上是女性。从 20 世纪 80 年代初开始，"无为保姆"就成为一个备受关注的社会现象，也最先拉开了我国劳务输出的序幕。

无为县的劳务输出经历了一个从自发到自觉、从无序到有序、从就业到创业的过程。从 80 年代初期开始，受到保姆业的带动引发了外出打工潮。至 1990 年，随着农村富余劳动力的增加和保姆业的迅速发展，全县富余劳动力除县内通过发展乡镇企业吸纳部分外，绝大多数的劳动力自发外出务工，主要从事保姆、建筑、板鸭加工等行业。从 1991 年开始，全县劳务输出数量多、规模大，所从事的行业也非常宽泛，主要从事纺织、驾驶、修理、食品加工、建筑安装、营销、承包土地以及其他服务等。不少人通过打工完成资金积累后，进行了再创业，有的回乡创办企业，有的在省内外创业，还有的到俄罗斯、澳大利亚等国创业，成为个体老板。全县常年在外务工人员达 40% 以上。

2004 年约有 40 万农民工外出务工经商，每年带回的纯收入达 20 亿元，是全县财政收入的 3 倍，为县域经济发展提供了源源不断的发展资金。据调查，2006 年全县引进项目 203 个，实际到位资金 27.48 亿元，其中 70% 是外出务工人员回乡投资的。据统计，2006 年该县农民人均纯收入为 3302 元，同比增长 17.3%，金融机构各项存款余额 78.9 亿元，同比增长 24.2%。2006 年该县消费品零售总额为 31.6 亿元，同比增长 14.5%，农村市场零售总额同比增长 13.9%。

2011 年 8 月 22 日，根据国务院的批复，撤销地级巢湖市，原巢湖市所辖的无为县划归芜湖市管辖。

四　庐江县

庐江县地处皖中，北濒巢湖，南近长江，西依大别山脉。"庐江"始自《山海经·海内东经》，初为江名，后成郡县名。庐江县域在春秋属舒国，战国属楚，秦属舒邑，汉为舒县，南朝梁始置"庐江县"，距今约 1500 年。庐江地处多条高速公路、铁路交会点，交通十分便捷。庐江县城距合肥骆岗国际机场 60 公里，距铜陵长江大桥 70 公里；合九铁路庐江段、沪蓉高速公路合界段、合安段、京台高速（G3）合（肥）铜（陵）黄（山）段穿境而过。水路南入长江，北进巢湖，大江航运码头工程建成后，船舶可直达苏、浙、沪及沿江各城市。

2010 年，全县辖 17 个镇，面积为 2347 平方公里。根据 2010 年第六次人口普查结果，庐江县常住人口为 973850 人，65 岁及以上人口为 103566 人，占 10.63%。同 2000 年第五次全国人口普查相比，65 岁及以上人口的比重上升了 4.03 个百分点。常住人口中，居住在城镇的人口占 39.83%，居住在乡村的人口占 60.17%。

庐江是全国商品粮油基地县和粮油生产百强县，为全省重点产茶县、水产基地县和商品猪准基地县。庐江农业是以稻米粮食生产为主，林、牧、副、渔全面发展的农业，为全国商品粮、油基地县，也是重要的水产品、畜禽生产基地。通过近几年的发展，庐江已形成五大现代特色产业：一是矿业经济及其深加工产业；二是机械装备产业；三是磁性材料及电子产业；四是新材料、新能源产业；五是食品加工产业。

庐江历史悠久，民风古朴，文化积淀深厚。自汉武帝元狩二年（公元前 121 年）建县至今，已有 2100 多年历史。历经千百年沧桑巨变的庐江，逐渐形成了独具特色的吴楚文化和淮军文化传统。

1999 年 12 月，巢湖地区撤销，设省辖地级巢湖市，庐江隶属地级巢湖市。2011 年 8 月，经国务院批准，撤销地级巢湖市，庐江隶属合肥市。

五 含山县

含山县于唐武德六年（公元 623 年）置县，东近长江，西临巢湖。自唐武德六年置县以来，已有 1380 多年历史，是春秋吴楚故地，素有"吴头楚尾"之称。境内的凌家滩古文化遗址，被列为 1998 年全国考古十大发现之一，它属新石器时代晚期，距今 5300 多年，是迄今为止最早的中华玉文化发祥地。凌家滩遗址的成功发掘，将中国城市历史向前推进 1000 多年。

含山县辖 8 镇，总面积为 1047 平方公里。含山县交通便捷，区位优势明显。地处南京、合肥、芜湖和马鞍山等省内外大中城市辐射圈内，水陆交通十分便捷。淮南铁路、合巢芜高速及巢宁、合裕、大江等干线公路贯穿境内，裕溪河等 5 条河流常年通航，直达长江。含山县物产富饶，自然资源丰富。已探明可供开采的矿藏有石灰石、石膏、白云石、大理石、耐火黏土、萤石、重晶石、石英、煤、磷等 10 多种，其中石灰石属特大型矿床，储量在 13 亿吨以上；无水硬质石膏总储量达 58 亿吨，是亚洲最大高品质单个矿床。全县森林覆盖率达 35%。农业产业化初具规模，种植业主要以水稻、小麦、油菜、棉花等为主，水产品以甲鱼、河蟹、青虾最为驰名。工业形成了六大支柱，即酿造、日用瓷器、针织服装、建材、机械铸造和磨具。

2010 年底，含山县常住人口为 376436 人，65 岁及以上人口为 42862 人，占 11.39%。同 2000 年第五次全国人口普查相比，65 岁及以上人口的比重上升了 3.39 个百分点。全县常住人口中，居住在乡村的人口占 66.59%。含山县劳务输出组织化程度不断提高，2003 年全年输出劳务人员 8.5 万人，实现劳务收入 3.1 亿元。

1959 年 4 月，和含县属芜湖专区。1959 年 6 月 1 日，含山县、和县分开，各还原建制。1965 年 7 月 28 日含山县改属巢湖专区（后专区改为地区、行署）。2011 年 8 月 22 日含山县划归马鞍山市管辖。

第二节 抽样及调查

一 抽样及跟踪调查对象确认

（一）2001 年基期问卷调查的抽样过程

问卷抽样调查的对象是居住在巢湖市农村地区的年龄在 60 岁及以上的老年人。调查采用的是分层多级抽样方法，按照乡、村两级进行抽样。首先，从以行政编码顺序排列的 126 个乡镇构成的样本框中，以系统抽样的方法随机抽取 12 个乡镇。其次，在抽中的 12 个乡镇中，以系统抽样的方法，从以行政编码顺序排列的、由所有行政村构成的样本框中随机抽取 6 个行政村。最后，在抽中的每个行政村中分别挑选出所有居住在本村的且年龄在 60~74 岁和 75 岁及以上的老人组成各村的两个样本框。在形成样本框时，如果生活在一起的一对老年夫妻在同一个样本框内，则排列在相邻的位置，先后顺序按照随机的原则确定。然后在两个老人样本框内，以系统抽样的方法分别从中抽取 15 名 60~74 岁的老人和 10 名 75 岁及以上的老人。把老人分成两个样本框进行抽样，是为了保证我们的研究能够有足够数量的年龄在 75 岁及以上的高龄老人。

在抽取样本时，必须保证从两个样本框中抽取的共 25 位老人中的任何两位不是共同居住在一起的夫妻。如果发现被抽中的两位老人存在以上关系，则按照以下两个原则进行剔除：一是如果抽中的两位存在夫妻关系的老人中，一位是在60～74岁之间，另一位是75岁及以上，则保留年龄大者，在由年龄小的一组构成的样本框中从以前抽取的终点开始，在余下的人中以系统抽样的方法抽取替补人员，直到人数满18个为止；二是如果抽中的两位存在夫妻关系的老人来自同一样本框，则放弃两位中后面抽中的一位，然后在同一样本框中按照上述原则的方法抽取替补人员，直到达到满足要求的人数为止。

按照上面的原则最后抽出1800位老人进行调查。但为了避免在实地调查过程中因出现特殊情况而导致最终符合条件的样本数不足1800名，本调查又按照以下原则在抽样现场调整抽样结果：

①如果调查过程中发现被调查者的实际年龄不符合所在的抽样框的条件，则终止调查，以抽样框中紧邻的下一位符合条件的老人来替代。

②如果事先选定的被调查者已经死亡，则以抽样框中紧邻的下一位符合抽样条件的老人来替代。

③如果原先的被调查者外出，在调查期间内未返回，则以抽样框中紧邻的下一位符合条件的老人来替代。

（二）跟踪调查对象确认

第二、三、四次追踪调查（Follow-up Survey）是对第一次接受调查的老人的跟踪访问，所以，在跟踪调查之前要首先确认被调查者是否接受过第一次调查，即基期调查（Baseline Survey），确定其在第一次调查中的标识码。以下是确认调查对象的详细过程。

①基期调查中详细记录每一个接受调查的老年人的村庄、村民小组、姓名以及标识码。调查完成以后，仔细核对每份问卷的标识码和人名等关键信息，并登记造册。

②在跟踪调查进行之前，从基期调查的数据中抽取每一位老人的出生年月、性别、存活的儿子和女儿数等关键信息，并与原先已经记录在册的被调查者的信息进行匹配，得到关于老年人的个人和家庭结构等关键信息表。

③调查员根据组织者提供的关键信息表进行入户调查，在调查进行之前，首先根据信息表提供的记录和老年人及其他家庭成员的记忆进行确认。

④在确认工作完成以后，根据老年人基期调查中的标识码，对调查对象

的问卷进行编码，然后进入正式调查。

⑤对关键信息表中无法确认的调查对象，调查员要仔细核实，经调查组织人员核准后，将该调查对象视为丢失案例。但调查后的统计发现，两次跟踪调查未发现此类案例。

（三）调查实施

2001年4月进行的基期抽样调查为期6天，参加调查的人员包括调查组织者、调查指导员、调查员和调查对象。其中，调查指导员为西安交通大学人口研究所的博士和硕士研究生，调查员为当地乡镇抽调的计生专干。正式调查时，每个选取的乡镇配备一名调查指导员，负责指导3~4位调查员。第一天进行集中培训。培训对象为调查指导员和调查员；培训内容包括现场调查的技巧、问卷填写规则以及问卷内容的讲解，最后在现场进行模拟访问，调查组织者对在模拟过程中出现的问题进行总结。第二天开始在选取的72个村子中进行实地试访问，调查指导员会对试访问过程中出现的问题进行指导总结。试访问完成后，调查员开始进行调查，调查指导员对调查员刚开始的一次或几次入户调查进行跟访，达到满意效果后，调查员便可进行独立调查。在随后的几天，调查指导员负责回收和审核每天完成的问卷，不合格问卷在第二天被退回，并要求调查员进行修改或补充，必要时进行第二次入户调查。同时调查指导员会抽取一定比例的问卷进行复核访问（复访），复访问卷一方面可以作为问卷信度评估的重要依据，同时调查指导员也可以通过与原始调查问卷的对比，发现调查员存在的理解错误和技术问题，及时对其进行纠正。在问卷审核过程中发现存在严重错误且无法更改的问卷被视为无效问卷。2003年、2006年和2009年跟踪调查也均为期6天，其中，问卷的培训以及现场访问执行的过程与2001年基期调查基本相同，唯一的不同点是跟踪调查无须再次进行抽样。

（四）质量控制

调查组织者在数据收集过程中采取了各种质量保证措施来确保调查现场执行和数据录入的质量。调查数据虽然存在误差，但是在一个可接受的水平内。第二次跟踪调查复访与正式访问的信息一致率约为86%，数据质量是比较满意和可靠的。在正式调查中，使用了问卷审核、复访等方法来确保问卷的真实性和可靠性。调查指导员每天必须审核当天完成的问卷，对问卷中存在的逻辑关系以及填写方式的准确性逐一进行检查。对于存在问题的问卷，调查指导员会在第二天仔细询问调查员，尽可能回忆调查情景，对问卷进行修改，或者进行第二次入户补充调查。在问卷审核过程中，调查指导员对于调查员重复发生的错误给予特别关注，尽快纠正，并以此为鉴，杜绝类似错误在其他调查员中发生。复访的原则是按照每个调查员的进展和问卷审核情况抽取一定比例可疑（存在问题）的问卷进行复核访问。复访的结果会通知调查员以便他（她）提高以后的调查质量。

实地调查完成以后，由调查指导员将各自负责的问卷录入 Epidata 数据库中。在数据录入完成以后，每个调查指导员按照随机原则抽取 10% 的问卷与数据库文件进行核对，检验数据录入的准确性。计算机录入错误比率应低于 1%。数据录入完成以后由专人负责编写数据的清洗程序，检测数据的内在逻辑和取值范围。对于有逻辑一致性问题的问卷，调查指导员再次进行审查，并对输入有错误的问卷进行更正。

二 问卷内容

"安徽省老年人生活状况"调查的主要目标是了解农村老年人的家庭代际关系、生理和心理健康状况。三次跟踪调查旨在测度农村家庭养老方式下的家庭代际支持状况，子女的外出引起的代际支持模式和数量的变化以及该变化对老年人生理和心理健康状况的影响。四次调查的调查问卷并不完全相同。除去四次调查衔接和匹配的问题以外，问卷设计人员也根据之前调查的实际效果以及新增的研究目标不断修改问卷，但问卷的主体设计没有改变。本研究中，我们选择了四次调查的问卷中没有发生变动的项目，从而保证了研究的科学性和一致性。

以 2001 年的基期调查为例，调查问卷主要包括以下九部分内容：

1. 被访者的个人状况，包括性别、年龄、婚姻状况以及家庭结构；

2. 老年人的社会和经济状况，包括住房、教育程度以及职业等；

3. 老年人的身体健康状况和日常生活自理能力；

4. 子女状况，包括老年人所有存活子女的性别、年龄、受教育程度、职业婚姻状况、与老年人的居住（安排）距离、见面频率、离家时间及原因、情感支持、经济支持和照料孙子女的状况；

5. 老年人对传统养老观念的态度；

6. 老年人的心理状况包括心理压力和生活满意度；

7. 老年人与子女间的家务帮助和日常照料；

8. 老年人的经济来源构成；

9. 老年人的认知能力。

在问卷调查结束后还由调查员填写访问者记录，以便数据的使用者了解问卷各部分的客观性和准确性。

为了掌握四次调查期间因为长期迁移或者短期外出以及死亡的被调查老人的信息，在第二次、第三次和第四次跟踪调查过程中增加了专门针对外出老人的问卷和死亡老人的问卷。外出问卷主要了解外出老人的外出时间、地点、原因，外出后与谁同住以及是否返回等。死亡信息问卷主要了解老人的死亡时间、地点、原因、死亡前的居住安排、婚姻状况、卧床时间、医疗费用的承担以及在此期间提供照料的人选，最后询问老人的财产分配方式。

三　数据质量

（一）有效样本

2001 年基期调查的有效样本数为 1715 人，2003 年有效样本数为 1391 人，2006 年有效样本数为 1067 人，2009 年有效样本数为 808 人（见表4－1）。

表 4－1　历次调查的基本信息

调查时间	样本情况								
	有效样本			迁移			死亡		
	男性	女性	合计	男性	女性	合计	男性	女性	合计
2001 年 4 月	808	907	1715	—	—	—	—	—	—
2003 年 11 月	644	747	1391	34	42	76	125	115	240
2006 年 12 月	515	552	1067	23	34	57	120	116	236
2009 年 4 月	393	415	808	13	20	33	82	91	173

（二）相关量表的信度系数

调查问卷中采用了测量老年人基本日常生活自理能力 PADL（Physical Activity of Daily Living）、利用社会设施的日常生活自理能力 IADL（Instrumental Activity of Daily Living）、行动能力（Mobility Activity）以及与子女的感情交流的量表。表 4－2 显示了本书中量表的 Alpha 信度系数，三次调查的量表良好的信度表现说明调查数据的质量是可靠的。

表4-2 调查问卷的量表信度

量表测量目标	量表信度系数			
	第一次调查	第二次调查	第三次调查	第四次调查
老年人基本日常生活自理能力 PADL	0.92	0.96	0.95	0.89
老年人利用社会设施的日常生活自理能力 IADL	0.89	0.93	0.89	0.90
老年人的行动能力	0.94	0.91	0.93	0.87
老年人与子女的感情交流	0.86	0.96	0.83	0.81

第三节 研究方法

目前的研究大多采用横断式的而非纵贯式的研究设计。因此，对于代际交换的变动情形所做的讨论大都是根据组内（Within Subject）差异的比较结果，如以平均中点或个体内的不同特征属性与具体行为内容相互间的差异做比较。采用这种比较方式进行推论的最大问题在于无法确知这些变迁结果是何时发生的以及这些变迁速率的快慢情形。所以贯时性的研究设计是研究变迁问题的最佳途径。

本书采用2001年"安徽省老年人状况"的基期抽样调查和2003年、2006年及2009年跟踪调查的总共四期数据，此数据为嵌套结构（Nested-structure）的纵向数据（Longitudinal Data）。本书分别从老年父母和子女角度建立个体增长模型（Individual Growth Model）。我们采用了历时9年的纵贯调查数据，也符合生命历程研究范式对于数据的要求。

一 个体增长模型的原理和选择依据

本书将建立个体增长模型为研究模型。分层线性模型（Hierarchical Linear Modeling）是纵向分析的核心方法（Raudenbush 和 Bryk，2002），可用于研究变量之间的因果关系，也可以用于研究变化。多层线性模型又称为多水平线性模型（Multilevel Linear Modeling）、随机效应模型（Random-effects Models）、随机系数回归模型（Random Coefficient Regression）、协方差成分模型（Covariance Components Models）或混合效应模型。当分层线性模型用于个体变化研究中即为个体增长模型（Individual Growth Model）。

（一）个体增长模型原理与参数估计

个体增长模型是利用多层线性模型分析追踪数据的特殊用途，其模型的结构原理与参数估计方法的两层模型一致。两层模型的表述如下：

第一层：$Y_{ij} = \beta_{0j} + \beta_{1j} + \varepsilon_{ij}$ （4.1）

其中，$j = 1, 2, \cdots, J, i = 1, 2, \cdots, nj$

第二层：$\beta_{0j} = \gamma_{00} + \gamma_{01}Z_j + u_{0j}$ （4.2）

$$\beta_{rj} = \gamma_{10} + \gamma_{11}Z_j + u_{1j}$$ （4.3）

其中，$j = 1, 2, \cdots, J$

其中，第一层的误差项 ε_{ij} 服从一般回归模式的 idd 正态分布假设：

$$\varepsilon_{ij} \sim N(0, \sigma^2)$$ （4.4）

（4.1）式就是个体增长模型的第一层回归模式，其中，回归系数的设计是与一般回归模型最不一样的地方。（4.2）式和（4.3）式则是个体增长模型的另一个重点，代表的是第一层的回归系数，包含截距项与斜率，作为第二层回归模型的因变量，对第二层的自变量进行回归分析。γ_{00} 是（4.2）式的截距项，γ_{01} 是（4.2）式的斜率项，所代表的含义是第二层的自变量（Z_j）对第一层回归模型截距项（β_{0j}）的影响；而 γ_{10} 是（4.3）式的截距项，γ_{11} 是（4.3）式的斜率项，所代表的含义是第二层的自变量（Z_j）对第一层回归模型斜率项（β_{1j}）的影响。

（4.2）式和（4.3）式中的 u_{0j} 和 u_{1j} 是回归模型的误差项。因为是针对第一层回归系数的回归分析，所以第一层有多少的自变量，第二层就会比第一层的自变量个数多一个，因为包含了第一层回归模型的截距项。此外，在式（4.5）中，我们假设这两个误差项 u_{0j} 和 u_{1j} 是服从二元联合正态分布的假设，两者的平均数为 0，而 u_{0j} 的方差为 τ_{00}，u_{1j} 的方差为 τ_{11}。在不失一般性的前提下，u_{0j} 与 u_{1j} 的协方差为 τ_{10}：

$$\begin{pmatrix} u_{0j} \\ u_{1j} \end{pmatrix} \sim N\left(\begin{pmatrix} 0 \\ 0 \end{pmatrix}, \begin{pmatrix} \tau_{00} & \tau_{01} \\ \tau_{10} & \tau_{11} \end{pmatrix} \right)$$ （4.5）

在阶层线性模型中，不同层的误差项间是不能相关的，亦即在（4.4）

式和（4.5）式外，尚有以下两个假设条件：

$$cov(\varepsilon_{ij}, u_{0j}) = 0 \qquad (4.6)$$

$$cov(\varepsilon_{ij}, u_{0j}) = 0 \qquad (4.7)$$

在一个两层模型中，需要估计三种参数：固定效应 γ_{00}、γ_{01}、γ_{10}、γ_{11}，随机层一的系数 β_{0j}、β_{1j} 以及方差协方差成分。对 β_{0j}、β_{1j} 的估计是分两次进行的。首先对第一层的 β_{0j}、β_{1j} 进行 OLS 估计，得到 β_{0j}、β_{1j} 的第一次估计：

$$\hat{\beta}_{0j} = \overline{Y} - \hat{\beta}\overline{X} \qquad (4.8)$$

$$\hat{\beta}_{1j} = \left(\sum X_{ij} - \overline{X}_j\right)(Y_{ij} - \overline{Y}_j) \qquad (4.9)$$

用第一层上估计的 $\hat{\beta}_{0j}$、$\hat{\beta}_{1j}$ 替代（4.2）式和（4.3）式里面的 β_{0j}、$\hat{\beta}_{1j}$，方程变为：

$$\hat{\beta}_{0j} = \gamma_{00} + \gamma_{01}z_j + e_{0j} \qquad (4.10)$$

$$\hat{\beta}_{0j} = \gamma_{10} + \gamma_{11}z_j + e_{1j} \qquad (4.11)$$

其中，

$$e_{0j} = u_{0j} + (\hat{\beta}_{0j} - \beta_{0j}) \qquad (4.12)$$

$$e_{1j} = u_{0j} + (\hat{\beta}_{1j} - \beta_{1j}) \qquad (4.13)$$

同样 e_{0j} 和 e_{1j} 的方差也有两个成分：

$$v_{ar}(u_{0j}) = \tau_{00} \qquad (4.14)$$

$$v_{ar}(u_{0j}) = \tau_{11} \qquad (4.15)$$

（4.10）式和（4.11）式是参数方差。参数估计的方差由参数方差和估计误差这两部分组成：

$$v_{ar}(e_{0j}) = \Delta_{0j} = [u_{0j} + (\hat{\beta}_{0j} - \beta_{0j})] = \tau_{00} + v_{0j} \qquad (4.16)$$

$$v_{ar}(e_{1j}) = \Delta_{1j} = [u_{1j} + (\hat{\beta}_{1j} - \beta_{1j})] = \tau_{11} + v_{1j} \qquad (4.17)$$

多层线性模型提出了一个统计量 λ，指的是估计的精度。

$$\lambda_{0j} = \tau_{00}/(\tau_{00} + v_{0j}) \qquad (4.18)$$

$$\lambda_{0j} = \tau_{11}/(\tau_{11} + v_{1j}) \qquad (4.19)$$

以上介绍的是如何借助第一层变量来进行参数估计，下面介绍如何利用第二层变量来进行参数估计。由于层次数据中每组样本规模不相等，所以导致了组间误差方差非齐性，这样，在对（4.6）式和（4.7）式中 γ_{00}、γ_{01}、γ_{10}、γ_{11} 的估计不能采用常规的 OLS 方法，而应该运用 WLS（加权最小二乘法）估计。

$$\hat{\gamma}_{10} = \sum \Delta_y^{-1}\bar{y}_l / \sum \Delta_{1f}^{-1} \qquad (4.20)$$

$$\hat{\gamma}_{11} = \left(\sum \Delta_{ij}^{-1} W_j \hat{\beta}_{1j} \right) / \left(\sum \Delta_{1j}^{-1} W_j^2 \right) \qquad (4.21)$$

其中 Δ_{1j}^{-1} 代表精度，它等于总体方差的倒数。同理可以得到 $\hat{\gamma}_{00}$、$\hat{\gamma}_{01}$ 的估计。

通过（4.16）式和（4.17）式得到 $\hat{\gamma}_{00}$、$\hat{\gamma}_{01}$、$\hat{\gamma}_{10}$ 之后，就可以对 β_{0j}、β_{1j} 进行第二次估计，即在第二层 WLS 估计：

$$\hat{\beta}_{0j} = \hat{\gamma}_{00} + \hat{\gamma}_{01} Z_j + e_{1j} \qquad (4.22)$$

$$\hat{\beta}_{1j} = \hat{\gamma}_{10} + \hat{\gamma}_{11} Z_j + e_{1j} \qquad (4.23)$$

第一层模型系数 β_{0j}、β_{1j} 的最后估计是以信度 λ 为权重对两次估计的综合。

$$\hat{\hat{\beta}}_{0j} = \lambda_{0j}\hat{\beta}_{0j} + (1 - \lambda_{0j})\hat{\hat{\beta}}_{0j} \qquad (4.24)$$

$$\hat{\hat{\beta}}_{1j} = \lambda_{1j}\hat{\beta}_{1j} + (1 - \lambda_{1j})\hat{\hat{\beta}}_{0j} \qquad (4.25)$$

可以看到第一层的估计信度较高时，最后的多层线性模型估计就会赋予第一层参数估计值更大的权重。当第一层的估计信度较低时，就会有更大的权重赋予第二层参数估计值。

（二）个体增长模型的选择依据

我们选择上述个体增长模型主要基于以下几点考虑。第一，它适用于纵贯调查样本数据不完整的情况下随机效应的估计。本研究中，样本老年人在四期的追踪中有样本损失，使用多水平模型进行处理会降低由此引起的估计偏差。第二，时变的状态变量可以加入第一层模型中，这样可以探测到生理年龄、家庭阶段这些时变变量的效应。第三，在估计中能够将与时间相关的和组间的效应做到严格区分，因此保留了各层各自的误差结构，并且可以对层间因素如年龄和队列的交叉效应对个体发展轨迹的影响进行估计。第四，多水平模型不要求各纵贯调查期的时间间隔相等，符合本研究数据的实际情况。在这个模型设定中，实际年龄代表个体在个体老化进程中所处的位置；出生队列代表个体在历史中所处的位置；家庭时间包括老年父母和儿子、女儿所属的生命阶段。另外，还加入了教育程度和健康状况（ADL）以控制老年样本的个体间异质性。另外，研究表明，生理老化与各老年人队列的早期生命转变（Life Transition）之间的交互作用使得各队列老化的经历各不相同，这可能带来对代际交换影响的年龄和队列效应的交互作用；且对各队列代际交换年龄轨迹的直观图形描述也表明，队列间轨迹的年龄增长率不同。因此，在二层模型中加入了队列作为年龄斜率的解释变量，即在模型中考虑了年龄和队列对代际交换水平的交互效应。在模型的调试中，我们对线性和二次增长模型进行了尝试，但由于样本追踪的期数太小（小于5），因此年龄的二次项系数统计上不显著。因此，本书中线性增长模型是对真实增长轨迹的最优近似。

二　样本损失（Sample Attrition）的选择性问题

本研究也面临着追踪数据中几乎都要遇到的基期调查后各次追踪样本的流失问题，本书也存在样本损失的问题，样本损失本身可能意味着某种选择机制，这很可能对结果产生很大的影响，尤其是针对老年人的调查而言，退出追踪样本本身可能意味着老人的死亡或迁移，而死亡和迁移又可能与老人的代际支持状况有关。

为了评估用来分析的样本和由于各种原因未被包括在分析中的样本之间在基期样本的特征是否有系统的差异，我们采用离散时间 Logistic 模型进行了估计。结果表明，在造成样本损失的原因中，只有死亡这一项具有样本选择性。与分析样本相比，那些因死亡而丢失的样本是男性或者未受过任何教育的老年人的可能性更大。并且年龄越高，健康越差，完全停止工作的那部分样本老年人更可能因死亡而出现流失。除此之外，失访样本的其他特征都和分析样本没有显著区别。但是由于我们将老年父亲、母亲样本分别建立模型，因此，性别变量对参数估计结果不会造成影响。按不同类型的代际交换作为因变量的模型中，依照上述变量影响方向的不同，上述变量可能会对参数估计结果产生相应的影响。

第五章　老年父母代际支持的
年龄模式

第一节　研究设计

一　研究目标

在代际支持动态年龄模式的分析框架中已经说明，代际支持活动涉及父母与子女两方。家庭内部所有子女的代际支持活动的总和构成老年人的代际支持。家庭内老年人与其子女之间这种互惠的双向支持和交换的必要性源自不同年龄的两代人在经济、社会活动中占有资源的不同以及对社会产品和劳务服务需求的不同（杜亚军，1990）。代际交换行为始终贯穿于老年人与子女共同的生命阶段之中，然而随着个体生命的发展，两代人在代际交换方面的付出能力及需求状况均在不断发生着变化。因此，代际交换不是随时间一成不变的，而是在个体的一生中沿着一定的轨迹（Trajectory）发展变化的。

本章将从老年父母的角度分析代际支持的老年父母动态年龄模式。本章将第三章代际支持年龄模式分析框架提供的影响因素细化，按照老年父母的不同性别进行分解，回答以下六个方面的研究问题。

①老年父母生理年龄的增加如何影响其与成年子女之间的代际支持水平？

②变动的社会宏观环境给不同出生队列的老年人的代际支持行为发展轨迹带来什么影响，即代际交换在出生队列间存在什么样的差异？

③代际支持水平如何随着老年父母生命阶段的变化而变化？

④代际支持水平如何随着老年子女生命阶段的变化而变化？

⑤上述作用在老年父亲和母亲间是否有区别？在儿子和女儿间是否有所区别？

⑥不同队列的老年父母与成年子女间代际支持水平的年龄发展轨迹是什么样的？

二　研究方法

本章所用的分析数据来自"安徽省老年人生活状况"抽样调查分别在2001年（时间1）、2003年（时间2）、2006年（时间3）和2009年（时间4）获得的纵向调查数据。所有至少参加了一期调查且至少有一个存活子女的样本老年人均纳入本章的分析中，考虑到2009年新增加的样本和其他四期追踪样本的异质性以及只有一期数据的现实状况，因此没有把这部分样本纳入。基期（时间1）的1715个有效样本中，去掉其中包含的59个无子女的老年样本以及15个在一个或多个变量上有缺失值的样本后，保留下来的基期分析样本有1641个。

在时间2的追踪调查中，239位样本老人死亡，这个数字在时间3和时间4分别降到了234位和173位。因迁移、拒访/失访、无子女和缺失值而引起的样本损失数较少，三期的追踪调查中，迁移引起的样本损失数分别为75个、57个和33个；无子女引起的样本损失数分别为46个、30个和23个；缺失值引起的样本损失数分别为11个、6个和9个。最终，后三期保留下来的分析样本数分别为1334个、1031个和776个。四期分析样本涉及895个老年母亲和759个老年父亲，分别对应着2608个和2174个"人－年"观察值。基期样本年龄为60~94岁。

本书依据第三章的代际支持动态年龄模式分析框架，按照代际支持的相关内容，将其划分为经济支持、生活照料和情感支持。按照代际支持的流向分为子女提供给父母（子女→父母）的支持和父母提供给子女（父母→子女）的支持，分析老年父母的各单项代际支持行为。但作为测量每个子女与老年人之间的双向感情亲密程度的指标，本文对情感支持未进行分流。根据本章的研究目标，我们运用分层线性方程模型（Hierarchical Linear Model）的方法，具体来说是运用其中的曲线增长模型（Grow Curve Model）来分析四期追踪数据。模型具体如（5.1）式和（5.2）式所示，一层模型中，每个老人的代际支持的变动轨迹是年龄及其他时变变量的函数：

层一：

$$
\begin{aligned}
Y = {}& P0 + P1 \times (\text{老年父母年龄} - 60) + P2 \times \text{丧偶} + P3 \times \text{停止工作} + P4 \times \\
& \text{子女总数} + P5 \times ADL + P6 \times \text{儿子均无孙子女} + P7 \times \text{儿子的最小} \\
& \text{孙子女为 } 0 \sim 3 \text{ 岁} + P8 \times \text{儿子的最小孙子女为 } 4 \sim 16 \text{ 岁} + P9 \times \\
& \text{儿子的孙子女均大于 } 16 \text{ 岁} + P10 \times \text{女儿均无孙子女} + P11 \times \\
& \text{女儿的最小孙子女为 } 0 \sim 3 \text{ 岁} + P12 \times \text{女儿的最小孙子女为} \\
& 4 \sim 16 \text{ 岁} + P13 \times \text{女儿的孙子女均大于 } 16 \text{ 岁} + E
\end{aligned}
\tag{5.1}
$$

层二：

$P0 = B00 + B01 \times \text{出生队列} + B02 \times \text{上过学} + R0$	(5.2)
$P1 = B10 + B11 \times \text{出生队列} + R1$	(5.3)
$P2 = B20$	(5.4)
$P3 = B30$	(5.5)
$P4 = B40$	(5.6)
$P5 = B50$	(5.7)
$P6 = B60$	(5.8)
$P7 = B70$	(5.9)
$P8 = B80$	(5.10)
$P9 = B90$	(5.11)
$P10 = B100$	(5.12)
$P11 = B110$	(5.13)
$P12 = B120$	(5.14)
$P13 = B130$	(5.15)

一层模型中各变量均为随时间变化的变量。（5.1）式中 Y 代表作为因变量的四种代际交换水平，均为连续变量；年龄为各调查期时点老年样本的周岁年龄，我们将年龄变量减去样本老人的最小年龄 60 岁进行对中（Centering），这样做的目的是使截距 P0 的解释有实际意义，同时可以减少年龄与队列及生命历程阶段变量间的多重共线性（Singer 和 Willett，2003）。我们将子女总数和 ADL（功能受限数目）按总平均数进行对中（Grand-mean Centering）。在（5.1）式中，截距项 P0 为当所有虚拟解释自变量为基准类型、子女数和功能受限数目为总平均值时个体在 60 岁时代际支持的期望值。P1 为个体年龄增长 1 岁时代际支持变化率（增长率）的期望值。E 是在某时间点上的个体内随机误差。我们也尝试在模型中加

入年龄变量的二次项，但是由于个体重复测量次数比较低，最多只有 4 次，年龄的二次项并不统计显著。因此，在这里使用一元线性增长模型来对代际支持随年龄的增长轨迹进行拟合是最优的估计方法（Raudenbush 和 Bryk，2002）。

一层模型中的参数值也取决于个体特征，我们在二层模型中引入出生队列和教育程度（上过学）这两个非时变的个体特征变量来作为一层模型参数的解释变量。在（5.2）式和（5.3）式中，B00 和 B10 分别代表控制个体特征后的代际交换平均初始水平和平均变化率。系数 B01 和 B02 分别代表解释变量"队列"和"是否受过教育"的斜率，分解解释代际交换平均初始水平在队列和"是否受过教育"的个体间的差异；系数 B11 代表代际交换的平均变化率在队列间的差异，同时代表年龄和队列的交互作用。最后，R0 和 R1 分别代表代际交换初始水平和变化率与平均初始水平和变化率的差异。该随机效应服从二元正态分布。本书采用 HLM 软件对上述模型进行拟合得到经验贝叶斯参数估计值。本书对老年母亲和老年父亲分别建立模型，考察所有生理年龄和队列效应及其交叉项作用和生命阶段的效应。

三　变量的测量

根据理论研究背景和本章的研究假设，首先选择分析采用的适当因变量和自变量。下面将分别简要论述老年父母代际支持年龄模式研究中所需变量的定义、测量方法和基本描述统计特征。

（一）因变量

根据代际支持的内容和方向划分，将因变量设置为老年父母接受的经济支持、老年父母提供的经济支持、老年父母接受的器械支持、老年父母提供的器械支持和老年父母与子女间的情感支持五类。

1. 经济支持

老年父母接受的经济支持是指所有存活子女（包括子女的配偶）为其提供的现金、礼物和食品等物品的总价值。老年父母提供的经济支持是指其为所有存活子女（包括后者的配偶和未成年子女）提供的现金、礼物和食品等物品的总价值。为了降低拒答的可能性，对代际经济支持水平进行了分段划分：①50 元以下；②50 ~ 99 元；③100 ~ 199 元；④200 ~ 499 元；

⑤500～999元；⑥1000～2999元；⑦3000～4999元；⑧5000～9999元；⑨10000元以上。如果无法提供准确答案，调查者可以要求被调查人员在上述答案区间中进行选择，然后取各段的中间值（最高区间为10000元）进行累加。以老年人接受或提供的经济支持水平的自然对数值作为其在模型中对应的经济支持。为了消除不同调查年份通货膨胀因素的影响，我们按照巢湖地区各调查年份的居民消费价格指数（CPI）将2001年、2003年和2006年的钱数折算为2009年的可比数额。为了克服变量可能存在的分布的有偏性，以该老年父母获得或提供的经济支持水平的对数值作为其在模型中对应的经济支持水平。

2. 器械支持

老年父母接受的器械支持是指所有存活子女（包括其配偶和子女）为其提供的家务帮助（如打扫卫生、洗衣服、洗碗等），以及个人生活起居照料（如帮助洗澡、穿衣服等）。老年父母提供的器械支持是指其为所有存活子女（包括后者的配偶和子女）提供的上述帮助。在问卷中，通过询问提供（或接受）家务帮助和日常照料的子女（包括其配偶和子女）人数和每个人帮助的频率来考察支持水平的高低。将提供（或接受）帮助的频率按照如下原则进行赋值：①每天都做＝7.5；②每周至少一次＝1.5；③每月几次＝0.5；④很少＝0。将所有提供帮助的子女（包括其配偶和子女）的得分进行累加，得到老年父母接受生活照料的水平值；按照同样原则进行累加，得到老年父母提供生活照料的水平值。

3. 情感支持

情感支持指所有存活子女与老年父母间的平均感情亲密程度，其本质是测量代际双方感情投入程度的变量，所以不再按照流向分别建立模型进行回归分析。问卷中，对于老人与子女的感情亲近程度通过询问以下三个问题进行测量：①"从各方面考虑，您觉得和这个孩子感情亲近吗？"②"总的来讲，您觉得自己和这个孩子相处的好吗？"③"当您跟这个孩子讲自己的心事或困难时，您觉得她愿意听吗？"答案采用三级测量标准，三个问题的累加得分为与该子女亲近程度的总得分，得分取值范围为3～9分，将所有子女的量表得分进行平均，得到老年父母与子女群体的感情亲密程度得分。与经济支持以及生活照料不同，老人与子女间的平均感情亲近程度比总量更能够表明代际关系的质量。因此，本章采用平均值测量代际情感支持水平。同时，也避免了情感支持与子女数量产生多重共线性。

（二）自变量

1. 老年父母的年龄和队列

老年父母的年龄是用调查年份老年父母的实际周岁年龄来测量的。本研究老年人样本在 2001 年基期的年龄范围为 60～93 岁。根据老人的出生年份划分为 6 个出生队列，变量赋值方法为：0 = 1937～1941 年；1 = 1932～1936 年；2 = 1927～1931 年；3 = 1922～1926 年；4 = 1917～1921 年；5 = 1912～1916 年，分别赋值为 0～5，取值越大表示出生年份越早。基期（2001 年）各出生队列的年龄范围分别为：60～64 岁、65～69 岁、70～74 岁、75～79 岁、80～84 岁和 85～89 岁。

2. 老年父母所处的生命历程阶段

老年父母所处的生命历程阶段包括"婚姻状况"（1 = 丧偶；0 = 未丧偶）和"工作状况"两个变量。通过询问被访老年人"您现在还工作吗"来测量老年人的工作状况，选项采用三级测量："完全工作（和以前一样）"、"部分工作（比以前干活少了）"和"没有工作"。对答案采用两级测量，答案是"没有工作"，则变量取值为 1，否则为 0。

3. 儿子和女儿所处的生命历程阶段

按照儿子或女儿所处的生命历程阶段分别划分为 5 个阶段。以儿子为例，阶段划分为："无儿子"；"无儿子方孙子女"，是指该老人有儿子，但所有的儿子都还没有自己的子女；"儿子方最小孙子女 0～3 岁"，指所有的儿子中最小的子女周岁年龄界于 0～3 岁之间，0 岁指不满一周岁；"儿子方最小孙子女 4～16 岁"，指所有的儿子中的最小的子女周岁年龄界于 4～16 岁之间；"儿子方最小孙子女大于 16 岁"，指所有的儿子的子女周岁年龄均超过了 16 岁。女儿的生命历程阶段的测量也与此类似。上述阶段都是"0，1"的虚拟变量。

（三）控制变量

控制变量为老年人的受教育水平和功能障碍数。受教育水平按"上过学"和"没上过学"进行两级测量，以"从没上过学"为基准类型。研究中采用老年人行为能力的功能障碍数作为健康指标，基本生活自理能力 PADL 测量采用 Katz 量表（Katz, 1983），共有六个项目：洗澡、吃饭、穿衣、下床、房间内走动、上厕所；应用设施的生活自理能力的测量包括做饭、购物、乘车、做家务、家庭理财共 5 个项目；对活动能力的测量包括提起或搬动 10 公斤重的东西、爬一层楼的楼梯或台阶、弯腰（蹲下）或跪坐、步行 100 米。上述的 15 个项目全部采用两级测量：0 = 没有困难；1 = 有点困难或自己根本做不了，如果回答是 8（拒答）或 9（不知道）则计为 0（视作没有困难）。把全部量表的 15 项得分进行累加，得到被调查者的功能障碍数得分，量表的得分范围为 0 ~ 15 分，得分越高说明功能障碍数越多，生活自理能力越差。上述 15 项问题构成的总量表在四次调查中的 Alpha 系数分别为 0.94、0.96、0.96 和 0.87，表明量表的稳定性很好。

第二节　老年父母代际支持年龄模式及影响因素

本节将首先从老年父母的角度用图形的方式来描绘各年龄老年人获得和提供代际支持的均值高低，该均值是在所有四期纵贯数据合并在一起的基础上计算出来的。通过对这些图形形态的观察，可以粗略地展现分队列的数据结构，但并不能将之作为年龄和队列效应的解释性证据，因为年龄和队列效应可能存在交互作用，且其他的影响因素也尚未分离出来。

一　分队列和性别的老年父母代际交换动态发展水平现状

如图 5 - 1a 所示，无论是老年母亲还是老年父亲，出生队列晚的老年父母总体上得到子女的经济支持量在下降，但在队列内部，老年父母得到子女的经济支持量随时间变动和年龄增加，其总体趋势是上升的。各队列的老年母亲和老年父亲得到经济支持水平的差别不明显。如图 5 - 1b 所示，总体上，老年父母给予成年子女的经济支持水平随着时间的推移在迅速下降，这可能是单纯由年龄增长引起的，也可能是队列效应或二者的交互效应作用的结果，当然也有可能与生命历程阶段的推移有关。总体上看，老年父亲给予的经济支持稍高于老年母亲，这种差距与老年女性在经济上的劣势相一致。由于年龄较大的老年父母样本趋于减少，因此 80 岁以上高龄组的样本值较为不稳定，取值波动较大。

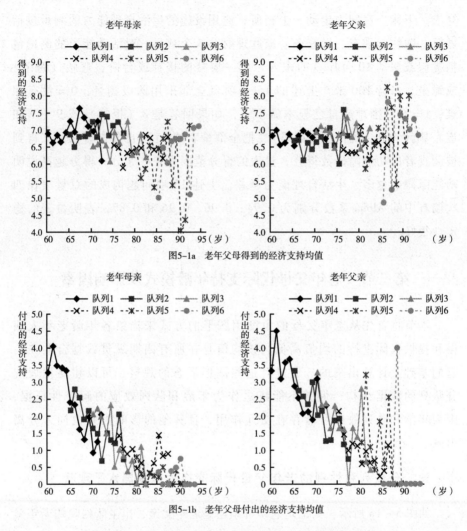

图5-1a 老年父母得到的经济支持均值

图5-1b 老年父母付出的经济支持均值

图5-1 分队列的各年龄老年父母与子女间经济交换均值

　　如图5-2a所示，在老年母亲75岁之前、老年父亲80岁之前的阶段，他们得到的器械支持水平随时间和年龄增长的趋势并不明显，但在这之后随年龄增加而急剧增长。从同年龄但不同队列的均值大小比较来看，可能存在着队列效应，即较早出生队列的老年父母获得的器械支持水平高于晚出生队列的老年父母。这可能是由队列间的健康状况差异引起的，也可能是由不同队列的老年父亲得到子女生活照料水平的差异引起的。总体上相同队列和年龄的老年母亲获得的器械支持水平高于老年父亲。如图

5－2b 所示，老年母亲和老年父亲为子女提供的器械支持总体上随时间的推移和老年父母年龄的增加而减少，但在队列内部，随年龄而变动的趋势并不一致。对于老年母亲而言，低龄老年人在队列内随年龄变动的趋势为下降，高龄阶段才趋于平缓；对于老年父亲，则正好相反，低龄阶段的老年父亲变动趋势为上升，高龄阶段平缓或下降。从性别比较来看，相同情况下，由于老年母亲的传统家庭照料者的角色，其水平总体上要高于老年父亲。

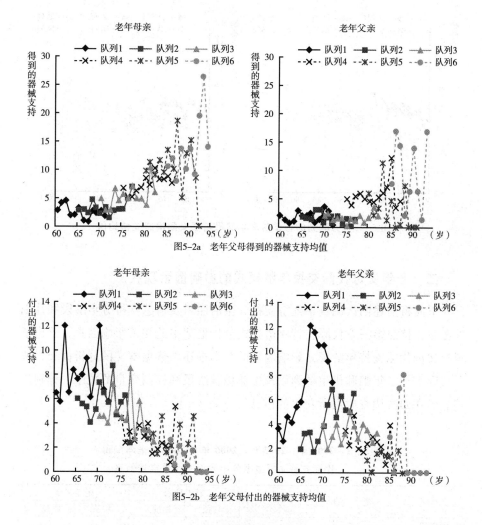

图5-2a　老年父母得到的器械支持均值

图5-2b　老年父母付出的器械支持均值

图 5－2　分队列的各年龄老年父母与子女间器械交换均值

图5-3为分队列的各年龄老年父母与子女间情感支持的均值。总体来看，老年母亲和子女的情感支持随时间的发展相对平稳，而老年父亲与子女的情感支持总体趋势是下降的，但队列内有略微的年龄趋势。在高龄老人中，老年母亲与子女的感情融洽程度要略高于老年父亲。正如我们前面所强调的，这里的趋势尚未分解年龄、队列和生命历程阶段的各自作用。需要借助多层次回归模型将真正的年龄和队列效应及其交互作用加以区分。

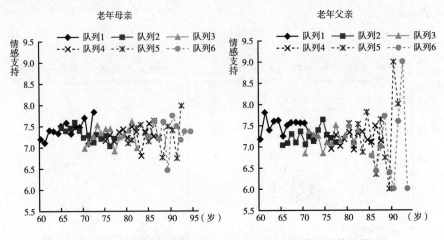

图5-3　分队列的各年龄老年父母与子女间情感支持均值

二　老年父母代际交换年龄模式的影响因素现状

下面将描述四次调查中经济支持、生活照料及情感支持分年龄段和性别的分布，按照第三章代际支持年龄模式分析框架中的相关影响因素，给出了老年父母代际支持年龄模式影响因素的基本描述。依据本文的分析框架，按照代际支持、年龄和出生队列以及生命历程阶段和控制变量的顺序，分别描述它们在四次调查时点所获得的信息（见表5-1）。

表5-1　2001年、2003年、2006年和2009年老年父母
代际支持面板数据分析的相关变量描述信息

变　　量	老年母亲		老年父亲	
	均值	标准差	均值	标准差
代际支持				
老人获得的经济支持(千元)				
Wave 1(2001 年)	1.07	2.37	1.14	1.83

变　量	老年母亲		老年父亲	
	均值	标准差	均值	标准差
Wave 2(2003 年)	1.21	2.02	1.41	1.89
Wave 3(2006 年)	1.65	1.80	1.63	1.95
Wave 4(2009 年)	2.26	2.57	2.34	0.36
老人提供的经济支持(千元)				
Wave 1	1.53	0.75	0.28	1.38
Wave 2	0.21	1.78	0.24	0.87
Wave 3	1.41	1.01	0.35	0.25
Wave 4	0.35	1.70	0.57	0.29
老人获得的器械支持				
Wave 1	5.26	9.45	3.28	7.92
Wave 2	6.23	10.45	2.63	7.16
Wave 3	5.23	9.66	1.75	5.06
Wave 4	5.23	10.12	3.12	8.81
老人提供的器械支持				
Wave 1	4.09	7.74	2.82	6.22
Wave 2	5.61	9.56	3.97	8.78
Wave 3	4.42	8.29	6.52	10.04
Wave 4	5.18	9.02	5.79	9.37
情感支持				
Wave 1	7.28	1.22	7.22	1.23
Wave 2	7.46	1.19	7.36	1.27
Wave 3	7.26	1.23	7.26	1.34
Wave 4	7.29	1.29	7.35	1.25
老人年龄及出生队列				
年龄				
Wave 1	72.73	7.56	70.02	6.86
Wave 2	74.02	7.36	71.14	6.28
Wave 3	75.96	6.97	73.41	5.97
Wave 4	77.88	6.51	75.71	5.70
出生队列	1.95	1.44	1.41	1.29
老人的生命阶段				
丧偶(%)				
Wave 1	56.03		27.85	
Wave 2	58.31		27.5	
Wave 3	62.30		29.18	
Wave 4	61.85		29.10	

变　量	老年母亲		老年父亲	
	均值	标准差	均值	标准差
停止工作(%)				
Wave 1	71.25		38.99	
Wave 2	71.80		39.17	
Wave 3	71.15		41.13	
Wave 4	67.54		40.11	
儿子的生命阶段(%)				
无儿子(Wave 1)	5.87		6.90	
均无孙子女(Wave 1)	2.37		3.98	
最小孙子女0~3岁(Wave 1)	13.88		19.50	
最小孙子女4~16岁(Wave 1)	58.47		60.88	
孙子女均大于16岁(Wave 1)	19.41		8.75	
Wave 2	5.72		7.00	
Wave 2	2.04		3.00	
Wave 2	12.26		17.5	
Wave 2	57.63		63.33	
Wave 2	22.34		9.17	
Wave 3	6.55		6.44	
Wave 3	1.24		2.15	
Wave 3	6.90		13.95	
Wave 3	58.05		61.80	
Wave 3	27.26		15.67	
Wave 4	4.80		7.06	
Wave 4	0.72		1.98	
Wave 4	7.43		6.21	
Wave 4	45.56		59.60	
Wave 4	41.49		25.14	
女儿的生命阶段(%)				
无女儿(Wave 1)	14.14		10.88	
均无孙子女(Wave 1)	0.57		1.19	
最小孙子女0~3岁(Wave 1)	7.92		14.99	
最小孙子女4~16岁(Wave 1)	55.54		62.47	
孙子女均大于16岁(Wave 1)	21.83		10.48	
Wave 2	13.49		9.83	
Wave 2	0.54		0.50	
Wave 2	4.63		13.00	

续表

变　量	老年母亲		老年父亲	
	均值	标准差	均值	标准差
Wave 2	54.50		63.67	
Wave 2	26.84		13.00	
Wave 3	13.27		9.66	
Wave 3	0.53		0.00	
Wave 3	3.19		9.01	
Wave 3	48.85		60.94	
Wave 3	34.16		20.39	
Wave 4	14.15		10.20	
Wave 4	0.72		0.28	
Wave 4	2.88		6.80	
Wave 4	39.81		49.86	
Wave 4	42.45		32.86	
控制变量				
教育程度:上过学	7.25%		42.78%	
健康状况:ADL				
Wave 1	5.45	4.85	2.36	4.12
Wave 2	5.50	5.22	2.59	4.36
Wave 3	6.67	5.47	3.80	4.83
Wave 4	4.70	5.06	2.55	4.60
子女数				
Wave 1	3.97	1.61	4.06	1.58
Wave 2	3.95	1.61	4.07	1.57
Wave 3	4.01	1.61	4.08	1.55
Wave 4	3.99	1.59	4.01	1.55

资料来源：根据2001年、2003年、2006年和2009年"安徽省老年人福利状况"跟踪调查数据计算。

如表5-1显示，随着时间的推移、社会经济的发展和人民收入水平的提高，老年父母获得和提供的经济支持水平也有所增加。老年父母从子女处获得的经济支持要高于其为子女提供的经济支持。在各期调查中，老年母亲获得的器械支持水平都高于老年父亲。老年父母和子女间的情感支持水平较高，平均水平的最高值为9，而报告的情感支持水平分值达到了7以上。

样本老年人的平均年龄比较高，基期老年母亲的平均年龄为72.73岁，老年父亲的平均年龄为 70.02 岁，老年母亲样本的平均年龄略高于老年父亲样本。随着时间的推移，老年父母样本的平均年龄也随调查期的增加而随之上升。老年母亲样本的出生队列总体上略早于老年父亲样本。丧偶的老年女性占老年母亲样本的大多数，丧偶率达 60% 左右，这个比例远高于老年父亲样本（不到30%）。老年母亲样本中停止工作的占很大比例，高达 70% 左右，而老年父亲样本中仅有 40% 左右停止工作。样本老年人中没有儿子的独女户很少，只在老年母亲和老年父亲样本中分别占 5.87% 和 6.90%，没有女儿的独子户略多一些，在老年母亲和老年父亲样本中分别占 14.14% 和 10.88%。子女所处的生命阶段大部分位于"最小孙子女 4～16 岁"的阶段中，其次是"孙子女均大于 16 岁"的阶段，再次是"最小孙子女 0～3 岁"的阶段，处于儿子或女儿"均无孙子女"阶段的样本老年父母最少。仅有 7.25% 的老年母亲样本上过学，而 42.78% 的老年父亲样本上过学，反映了老年父母在社会经济地位上差距悬殊。老年父母样本的健康状况不容乐观，老年母亲平均都有五六项以上的功能障碍，老年父亲样本的功能障碍数大大少于老年母亲，功能障碍数平均在三四项。

第三节　老年父母代际支持年龄模式分析

本节将从老年父母的角度分别针对老年父母与子女间的经济支持、器械支持和情感支持进行建模，模型结果将以表格的方式展现，有利于认识各个因素的作用方向和大小。除此之外，还将以模型结果为基础，用图形的方式描绘老年父母与成年子女间经济交换水平随老年父母增龄的拟合的发展轨迹。该发展轨迹包括不考虑队列间差异的年龄与各项代际交换水平的总体发展轨迹，该轨迹反映了增龄和队列未加区分时的混合效应；同时，图中也将展现分队列的年龄发展轨迹，有助于形象地描述生理增龄和队列各自独立发生的作用。

一　老年父母经济支持年龄模式

（一）回归结果

表 5-2 以老年父母获得和付出的经济支持量为因变量，分老年母亲和老年父亲样本的多层线性增长模型回归结果。

1. 获得的经济支持

表 5-2 的模型 1-1 和模型 1-2 中，老年父母得到子女的经济支持随年

龄的增长而显著提高。队列效应显著为负，表明较早出生队列组的老年父母得到子女的经济支持较少且父母间队列效应差异显著（结果未显示）。老年母亲的年龄和队列的交互项显著为正。停止工作后的老年父母均得到子女更多的经济支持，且 T 检验结果表明老年父亲得到的经济支持增加量要高于老年母亲。

表 5 - 2　老年父母得到和付出的经济支持量的线性增长模型的系数估计值

	得到的经济支持量		付出的经济支持量	
	老年母亲 （N = 895）	老年父亲 （N = 759）	老年母亲 （N = 895）	老年父亲 （N = 759）
固定效应	模型 1 - 1	模型 1 - 2	模型 2 - 1	模型 2 - 2
截距	5.905 ***	5.047 ***	2.996 ***	3.929 ***
年龄	0.029 *	0.033 *	− 0.144 ***	− 0.157 ***
队列	− 0.494 ***	− 0.239 *	− 0.024	0.074
年龄 × 队列	0.009 *	0.0001	0.018 ***	0.016 *
老年父母的生命阶段				
丧偶	− 0.029	− 0.093	− 0.628 ***	− 0.265 +
停止工作	0.294 ***	0.490 ***	− 0.343 **	− 0.342 *
儿子的生命阶段	（基准类型：无儿子）			
均无孙子女	0.248	1.052 **	0.118	0.138
最小孙子女 0 ~ 3 岁	0.780 **	0.912 ***	0.795 ***	0.419
最小孙子女 4 ~ 16 岁	0.775 ***	1.089 ***	0.771 ***	0.320
孙子女均大于 16 岁	0.740 **	0.986 ***	0.479 **	− 0.222
女儿的生命阶段	（基准类型：无女儿）			
均无孙子女	− 0.066	0.322	0.925	0.066
最小孙子女 0 ~ 3 岁	0.038	0.546 **	0.955 **	0.125
最小孙子女 4 ~ 16 岁	0.145	0.437 *	0.366 *	− 0.216
孙子女均大于 16 岁	0.177	0.369 +	0.364 **	− 0.273
控制变量				
上过学	− 0.041	0.192 *	0.364	0.359 **
ADL	− 0.011	− 0.015 +	− 0.041 ***	− 0.066 ***
子女数	0.282 ***	0.258 ***	− 0.030	0.078
随机效应				
层 2：截距	0.232	0.500	3.163 ***	2.847 **
斜率	0.001	0.0002	0.006 **	0.003 *
层 1：个体内	1.811	2.004	4.241	5.914
Deviance	9395.66	8189.58	11442.29	10342.32

注：*** ，P < 0.001；** ，P < 0.01；* ，P < 0.05；+ ，P < 0.1。

结果还表明，相对于无儿子的老年父母，无论儿子处于哪一个生命阶段，都会带来老年父亲获得的经济支持的显著增加，而他们给予老年母亲经济支持的增加却要在有了他们的子女之后的阶段才开始。女儿在有了自己的子女之后会显著提高给予父亲的经济支持。担当"儿子方的祖母角色"后，老年母亲会得到较之前更多的经济支持，当儿子方所有孙子女均成年之后才显著下降；而老年父亲得到的经济支持量在儿子的各个生命阶段基本平稳。女儿给老年母亲的经济支持不受孙子女年龄阶段的影响，较为平稳。而女儿给老年父亲的经济支持受到女儿方的孙子女年龄阶段变化的影响，女儿方最小孙子女 0~3 岁期间对老年父亲得到经济支持的正向效应最大，女儿方最小孙子女 4~16 岁期间次之，女儿方的孙子女均成年了之后对老年父亲得到的经济支持的效应最小。T 检验结果表明，儿子的生命历程阶段对于老年父亲得到的经济支持的正向效应大于女儿（结果未显示）。

对于老年母亲而言，上过学对于她们获得的经济支持量没有显著的影响。这是因为农村老年女性毕生多从事家务劳动，教育对其经济状况的改善作用体现不如老年男性明显，教育状况更好的老年男性给子女的经济帮助更大，而子女的经济回报也就更多。功能障碍数每增加一项，老年父亲获得的经济支持就会相应降低。子女数越多，老年父母得到的经济支持量越多。

从图 5-4 中的 a 图可以看出老年父母得到子女经济支持的年龄发展轨迹在队列间以及老年父母间有着显著的差异。对于老年母亲来说，不考虑队

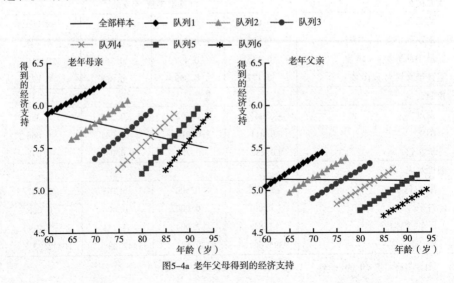

图5-4a 老年父母得到的经济支持

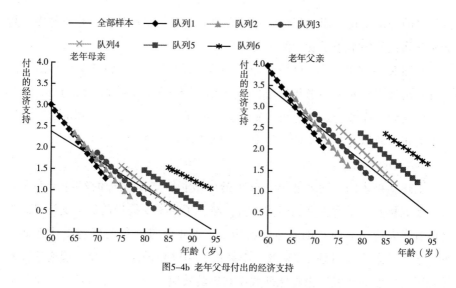

图5-4b 老年父母付出的经济支持

**图 5 - 4　老年父母与成年子女间经济交换随老年父母增龄的
发展轨迹及队列间差异**

列效应时，整体的增龄效应（Totalassociation）是负向的，控制了队列效应
后，增龄的净效应（Net Association）变为正向的。对于老年父亲来说，控
制了队列效应后，增龄的正向效应变得更大。各队列的老年母亲得到子女的
经济支持量要高于相应队列的老年父亲。

2. 提供的经济支持

表 5 - 2 中，模型 2 - 1 和模型 2 - 2 的结果表明，老年父母所付出的经
济支持随增龄而显著减少。年龄与队列的交互项显著为正，表明处于较早出
生队列的老年父母的年龄的负向斜率更平缓。丧偶和停止工作后老年父母付
出的经济支持均显著减少，T 检验结果表明丧偶对老年母亲的负向影响显著
大于老年父亲（结果未显示）。

相对于无儿子或无女儿的老年父母，在儿子或女儿有孙子女后的各个阶
段中，母亲均会付出更多的经济支持；而老年父亲为子女提供的经济支持不
受子女生命阶段的影响。从时间次序上看，在儿子方的最小孙子女未成年的
两个阶段里，老年母亲付出的经济支持量最高，儿子方的孙子女均成年之后
才出现显著减小。而早在女儿方的最小孙子女 3 岁及以上阶段开始，老年母
亲付出的经济支持就显著地减少。

教育因素体现出老年父母性别间的差异，受过正规教育的老年父亲会提

供更多的经济支持，而老年母亲却没有差异。老年父母的功能障碍越多，越会显著降低他们给予子女的经济支持量。

从图5-4中的b图可以看出各出生队列的老年父亲为子女付出的经济支持量均高于同队列的老年母亲。未控制队列差异的增龄总效应为负，而各队列内增龄的净效应总体上负向斜率更加明显。由于增龄和队列的交互作用显著为正，所以越早出生队列的增龄下降速率越平缓。

（二）讨论

上述结果表明，随着老年父母年龄的增长，老年父母的经济能力在降低，他们得到了子女更多的经济支持，减少了为子女提供的经济支持量。与之前有研究所认为的"随着年龄的增长，老年父母获得的经济支持逐渐减少，老年母亲尤为明显"（宋璐、李树苗，2011）的结论相反，造成这种差异是因为之前的研究结论将队列效应和年龄效应的综合作用全部当成了年龄效应加以解释。

随着社会的变迁，子女对老年父母的支持至少在经济方面得到了加强。一方面，处于越早的出生队列组的老年父母得到的子女的经济支持越少。这反映了时代变迁所带来的变化，出生队列越晚的老年父母由于其子女更多的外出打工、更高的教育程度等原因，子女的经济状况得到提高，所以相比出生队列更早的那些老人，他们得到了子女更多的经济帮助。另一方面，随着子女经济状况的改善，现在的农村老年父母越来越不需要负担给予子女的经济支持。在为子女提供经济支持方面，队列间并没有显著的差异，表明虽然随着社会的变迁，子女对老年父母的经济支持得到了加强，但父母并没有因此反馈给子女更多的经济方面的回报，这可能是因为老人给子女的经济提供要么是由于子女的需求必须提供（如婚嫁、外出打工的路费资助），要么是给孙子女的压岁钱等礼节上的应酬，是比较刚性的支出，并不会随着老人的经济状况的改变而发生改变。但值得注意的是，老年父母的模型中年龄和队列的交互项均显著为正，意味着出生队列越晚的老人给予子女的经济支持随年龄增长下降的速率越大。

随着老人的年龄增长，丧偶风险逐渐增大。丧偶后，子女给老年父母的经济支持与丧偶前相比没有显著差异。随着老人年龄的增长，身体状况也越来越差，老人可能因为体力无法胜任或因子女孝顺而不再劳动。在中国农村没有社会养老金保障的情况下，停止工作意味着老人通过自己劳动获得劳动收入的能力下降，结果表明，当他们失去了作为家庭劳动力的角色后会得到更多的来自子女的经济补偿。另外，丧偶后老年父亲和老年母亲给子女的经济支持都显著减少，而停止工作也有显著的负向效应，老年父母失去了获得独立劳动收入的能力后会减少给予子女的经济支持。由于农村老年人社会养老保障的缺乏，绝大部分有独立经济收入的老人的收入来自劳动所得，随着劳动能力的丧失，这部分收入不断减少。因此，"停止工作"这一变量不仅是老年人劳动能力的测量指标，也是老年人经济状况的测量指标。对于还在工作的老人来说，其对子女经济支持的需求远低于其他老人，向子女提供的经济支持也较多。这一方面说明有劳动能力、经济上独立的老年父母与子女在经济照料方面的交换水平较低，另一方面也暗含了子女对父母的经济帮助是基于老年人的需要。

随着时间的推移，在老人年龄增长的同时，子女也在逐渐经历着各自的生命阶段的过程。根据前人的研究，老人通过为子女提供孙子女照料换得子女的经济支持，所以在子女生命阶段的各种划分标准中，以孙子女年龄界定的子女生命阶段与老人获得子女的经济支持相关。由于儿子和女儿的生命阶段对于老人的影响是不同的，中国农村老人与儿子的生命阶段应该有着更深的联系。我们的结果验证了这个假设。

在中国农村老年人家庭代际经济支持中，儿子与老年父母的生命联系大于女儿。首先，儿子在对老年父母的经济支持方面强于女儿。以无儿子为基准的结果表明，只要有儿子，在儿子绝大多数的生命阶段，都会使老年父母所获得的子女经济支持显著增加，而女儿所处的生命阶段对老年父母所获得的经济支持影响不显著，女儿对老年父亲获得经济支持的影响主要体现在其开始有自己的孩子之后的阶段。上述结果验证了儿子作为老年父母主要经济支持提供者的结论。其次，担当"儿子方的祖母角色"后，老年母亲会得到比均无孙子女阶段更多的经济支持。担当"女儿方的祖父母角色"的老年父母均未因此得到经济支持上的显著提高。再次，将儿子方和女儿方的最小孙子女 0～3 岁、4～16 岁和大于 16 岁三个阶段的回归系数分别进行系数差异的 T 检验，结果表明，无论是对母亲还是对父亲，儿子方的孙子女在这三个阶段的效应比女儿方的孙子女在这三个阶段的效应更大，充分表明儿子所处的生命阶段与老年父母的联系比女儿所处的生命阶段更为紧密。最后，儿子在得到老年父母的经济支持方面强于女儿。这表现在老年母亲给予的经济支持量在儿子方的孙子女未成年的阶段较为稳定，没有显著变化，但在儿子方的孙子女成年后有所减小。而女儿方的孙子女从4岁以上阶段就开始出现老年母亲给予的经济支持显著减少的情况，和儿子相比，老年母亲的经济支持在女儿方的孙子女年龄更早的阶段就开始明显消退。

上述结论还表明，中国农村老年人家庭代际经济支持的年龄模式在老年母亲和老年父亲间存在明显的性别差异。首先，就出生队列对老年父母得到的子女经济支持的系数进行 T 检验对比，结果表明老年母亲和老年父亲队列效应的差异在统计上显著，表明时代变迁给出生队列晚的老年母亲所带来的子女经济支持的加强程度要高于老年父亲。其次，在子女的生命阶段的影响方面，老年母亲与老年父亲相比，与子女的互动更加频繁，孙子女的状态对母亲影响大，但父亲在得到和付出经济支持方面更具有稳定性，其水平不受子女所处的生命阶段的影响。老年母亲在儿子方有未成年的孙子女的阶段会比儿子方的孙子女均成年阶段得到更多的经济支持，而老年父亲得到的经济支持受儿子方孙子女未成年阶段的影响较小一些，只是在儿子方的孙子女均大于16岁的阶段，比儿子中最小的孙子女为4~16岁的阶段有显著的减少。这是由老年母亲在生命历程中的经济劣势所致，她们通过为儿子提供照料孙子女的服务而换得儿子相应的经济回报。儿子和女儿在无孙子女的阶段都不会对老年父母所提供的经济支持产生显著的影响，而在有孙子女后的各个阶段里母亲都会付出更多的经济支持，但女儿和儿子所处的各个生命阶段都对父亲付出的经济支持没有显著影响。最后，丧偶对于母亲给予子女的经济支持水平有更大的冲击。T 检验结果表明父亲、母亲间丧偶因素的系数差异显著，表明丧偶对老年母亲给予子女经济支持的负向影响要大于对老年父亲的影响。

二 老年父母器械支持年龄模式

（一）回归结果

1. 获得的器械支持

表5-3中的模型3-1和模型3-2的结果表明，老年父母得到的器械支持随增龄而显著减少，但增龄和队列的交互项均显著为正。丧偶后，老年父母得到子女的器械支持量显著增长，且 T 检验对比表明老年母亲的正向

效应更大。停止工作仅给老年父亲带来器械支持的显著增长。儿子和女儿的生命阶段均无显著影响。

老年父母是否上过学对于他们得到的器械支持量没有显著影响。功能障碍数增加会使老年父母得到子女更多的器械支持，对父亲和母亲的回归系数的 T 检验比较的结果表明，功能障碍数每增加一项会使老年母亲得到比父亲更多的器械支持量。

表 5 – 3　老年父母得到和付出的器械支持量的线性增长模型的系数估计值

	得到的器械支持量		付出的器械支持量	
	老年母亲 （N = 895）	老年父亲 （N = 759）	老年母亲 （N = 895）	老年父亲 （N = 759）
固定效应	模型 3 – 1	模型 3 – 2	模型 4 – 1	模型 4 – 2
截距	1.661	3.474 +	6.643 ***	1.850
年龄	– 0.124 +	– 0.087 +	– 0.029	0.481 ***
队列	– 0.544	– 0.505	– 1.402 ***	– 2.809 ***
年龄 × 队列	0.077 **	0.060 **	0.029 *	0.002
老年父母的生命阶段				
丧偶	2.868 ***	1.777 ***	1.079 *	0.112
停止工作	0.625	1.110 **	– 0.511	– 0.403
儿子的生命阶段	（基准类型：无儿子）			
均无孙子女	0.177	– 0.836	– 1.376	– 1.131
最小孙子女 0 ~ 3 岁	0.550	0.316	3.721 **	4.201 ***
最小孙子女 4 ~ 16 岁	0.490	0.055	2.825 ***	2.932 ***
孙子女均大于 16 岁	0.557	0.047	0.229	– 0.695
女儿的生命阶段	（基准类型：无女儿）			
均无孙子女	2.388	– 0.267	1.177	1.391
最小孙子女 0 ~ 3 岁	0.819	– 0.361	0.848	0.927
最小孙子女 4 ~ 16 岁	0.281	– 0.584	0.247	0.451
孙子女均大于 16 岁	0.917	– 0.364	0.569	– 0.375
控制变量				
上过学	1.011	– 0.295	0.011	– 0.142
ADL	0.365 ***	0.207 ***	– 0.206 ***	– 0.126 **
子女数	– 0.174	– 0.142	– 0.374 **	– 0.195
随机效应				
层 2：截距	6.406	2.013 **	51.668 **	22.934
斜率	0.137	0.079 ***	0.059	0.018
层 1：个体内	68.912	42.794	50.492	54.723
Deviance	18674.80	14560.22	17999.21	15144.10

从图 5 - 5 中的 a 图可以看出，控制队列效应之前，增龄为正向效应。由于增龄和队列的交互项显著为正，所以队列 1 和队列 2 的年龄轨迹为轻微的负向斜率，而四个越早出生队列的正向斜率越大，且较晚出生的队列、处于较小年龄阶段的老年母亲所获得的器械支持要明显小于同等情况下的老年父亲，较早出生的队列的老人所获得的器械支持量的父母间差异不大。

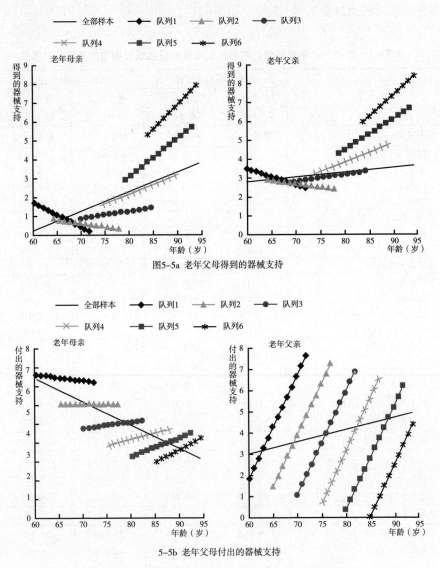

图5-5a 老年父母得到的器械支持

5-5b 老年父母付出的器械支持

**图 5 - 5　老年父母与成年子女间器械交换随老年
父母增龄的发展轨迹及队列间差异**

2. 提供的器械支持

表 5 - 3 中的模型 4 - 1 和模型 4 - 2 分别展示了以老年母亲和父亲付出的器械支持量为因变量的回归结果。

老年母亲的队列效应显著为负，年龄和队列的交互显著为正。老年父亲的增龄效应显著为正，队列效应显著为负。T 值检验对比结果表明，所属队列对父亲比对母亲的负向作用更为明显（结果未显示）。

老年母亲丧偶后，付出的器械支持较丧偶前显著增加。只有儿子的生命阶段有显著的影响，儿子方有未成年孙子女的老年父母付出的器械支持量显著多于无儿子或儿子处于无子女阶段的老年父母。老年母亲付出的器械支持量直到所有儿子方孙子女成年后才显著减少，而老年父亲付出的器械支持量早在其儿子方最小孙子女大于 3 岁之后就出现显著下降。教育没有显著影响，但功能障碍数越多，老人健康状况越差，所给予子女的器械支持就越少。

从图 5 - 5 中的 b 图可以看出，各队列的发展轨迹在老年父亲和母亲之间形态差异非常大。老年母亲增龄的总效应略为负，控制了队列效应后，按队列由早到晚的顺序，增龄的效应由略微的正值逐渐变为略微的负值。老年父亲增龄的总效应略微正向，控制了队列效应后，年龄轨迹的正向斜率变得非常明显。

（二）讨论

上述结果表明，随着年龄的增长，老年父母得到的器械支持在增长，但付出的器械支持也在增长。说明代际日常照料支持符合合作群体模式，最需要的人相应得到最多的帮助，而代际支持的"反馈模式"随着老年人年龄的增加和健康状况的恶化日益得到体现。

由于母亲在家庭中的传统照料者的角色，老年母亲为子女和孙子女提供的器械支持量比较稳定并且不随着增龄而出现明显的变化。但老年父亲为子女和孙子女提供的器械支持量却随着年龄的增长有着显著的增长，这验证了前人所提出的老年父亲家庭角色的变化规律，即随着老年男性的年龄增长，他们所承担的社会角色在减少，而开始更多地扮演家庭角色，更多地参与家庭事务。此外，随着社会变迁，老年父母得到的器械支持受到了削弱。这一方面表现在出生队列越早的老年父母得到的生活照料的年龄轨迹正向斜率越大，出生队列最晚的两个队列老年人的轨迹甚至为轻微的负向斜率；另一方面表现在越晚出生队列的老年人为子女或孙子女付出的器械支持越多。可能的解释是，随着农村子女劳动力外流和迁移的增多，老年父亲和母亲都越来越多地通过照料留在农村的孙子女为子女外出提供条件。将父亲和母亲的队列变量回归系数进行 T 值检验表明，所属队列对父亲的作用比对母亲更为显著，说明父亲更多地融入代际器械支持的付出不仅是生理增龄的一种变化，而且包含了社会变迁所带来的历史年龄的作用。

儿子和女儿的生命阶段对于老人的影响是不同的，中国农村老人与儿子的生命阶段应该有着更深的联系，我们的结果验证了这个猜测，表现在只有儿子的生命阶段对老年父母提供的生活照料量有显著的影响。这是因为中国农村老年父母仍然主要靠儿子养老，他们往往将帮助儿子而不是帮助女儿看作自己的责任。

子女所处的生命阶段的变动对于老年父母所得到的器械支持量没有影响。无论是父亲还是母亲，他们所得到的器械支持在子女的各个阶段都没有显著的差异，即当子女自己的孩子年龄尚小需要子女更多的照料时，子女没有因此减少对老年父母的照料，而当子女没有孩子或孩子已经处于更大的年龄段、不需要花费更多的照料时，子女也没有因此为展现孝道而增加对老年父母额外的照料。这意味着老年父母所得到的子女的照料水平不因子女自身的情况发生改变。该结果可以从以下两个方面进行解释。首先，老年父母获得的器械支持水平较为刚性，可能表明只有当父母确实需要照料的时候子女才会为父母提供必要的器械帮助，是一种基于父母需要而提供的支持；其次，在老年父母需要照料的时候，这种责任是落在所有的子女身上，并在子女间进行分担，子女内部会根据各自情况调整，合作履行照料父母的义务，所以最小孙子女的年龄阶段并不会造成影响。

孙子女的年龄状况对老年父母，尤其是老年母亲提供的器械支持水平有明显的影响。表现在对于老年母亲来说，儿子方最小的孙子女年龄在 0～16 岁期间对于老年母亲付出的器械支持有显著的正向影响，且 0～3 岁和 4～16 岁两个阶段的效应没有显著差异，儿子方孙子女成年后，无论父亲还是母亲所提供的器械支持量都比上一个阶段有显著的下降。对孙子女照料越多的老年父母为子女提供的生活照料也越多，并且以得到子女相应的同类帮助作为回报，老年母亲尤为明显。由此可以看出，在农村家庭养老中，赡养者和被赡养者之间也是一种互惠的关系，而且随着老年父母对子女支配权的弱化，老年父母要得到子女更多的赡养就要付出更多物质或生活上的支持。而对于老年父母来说，女性在一生中都面临男女在经济、照料角色、报酬等方面差异带来的障碍（Hooyman，1999），以至于对其晚年的社会、经济、心理福利造成累积影响（United Nations，2002）。已有学者发现，由于更缺乏收入来源，第三世界的妇女在晚年需要更多的支持和帮助（Nugent，1985）。老年母亲由于自身缺乏资源就更需要与子女进行代际交换。这一结论符合前人研究中老年母亲与子女的代际交换更符合"高流动契约"的结论（宋璐、李树茁，2011）。

　　老年父母负面生命事件的发生对于老年父亲和老年母亲在器械支持方面的影响是不同的，体现了性别间的差异。丧偶后的老年父母均得到更多的器械支持，但只有老年母亲丧偶后，为子女或孙子女付出的器械支持比丧偶前显著增加，老年父亲却没有改变。系数对比的 T 检验结果表明，丧偶给老年母亲带来所得到的器械支持的增加效应大于老年父亲。而停止工作仅对父亲得到更多的器械支持有正向作用。这一方面印证了之前的研究所表明的结论，配偶是老年人在子女以外的另一重要的社会支持来源（Shye 等，1995），丧偶成为老年人代际支持需求增加的重要标志（Hermalin 等，1996）。另一方面也再次证明，老年母亲由于一生在性别方面的累积劣势，其丧失男性配偶的经济来源后，自身资源贫乏，因此往往选择加强与子女的代际支持交换，通过为孙子女提供更多的器械支持而换取子女的回报。老年母亲停止工作后，得到的子女给予的器械支持与停止工作前相比并没有显著的变化，而老年父亲停止工作后所得到子女给予的器械支持显著地增加了。这个差异可能在于老年父亲比母亲更多地从事体力劳动，老年父亲停止工作更多地意味着健康状况的下降，所以在这个阶段，子女更多地为他们提供照料。

三　老年父母情感支持年龄模式

（一）回归结果

　　表 5 - 4 中的模型 5 - 1 和模型 5 - 2 的结果表明，老年父亲所属的队列对其与子女间的情感支持水平有明显的影响。较早出生队列组的老年父母与子女间的情感支持水平较低，但情感支持随增龄变化的斜率在增加。

　　丧偶的老年父亲与子女间的情感支持水平要低于在婚的老年父亲，停止工作的老年父母与子女间的情感支持水平要高于仍在工作的老年父亲。从儿子、女儿所处的生命阶段的影响来看，儿子处于"均无孙子女"的阶段和

"孙子女均大于 16 岁"的阶段，以及女儿处于"均无孙子女"的阶段和
"孙子女均大于 16 岁"的阶段，子女与老年父亲之间的情感支持水平较高。

　　从控制变量的结果看，上过学的老年父母与子女间情感支持水平较高。
而功能障碍数越多，情感支持水平越低。

表 5 - 4　老年父母与子女间情感支持量的线性增长模型的系数估计值

	老年母亲（N = 895）	老年父亲（N = 759）
固定效应	模型 5 - 1	模型 5 - 2
截距	7.486 ***	7.010 ***
年龄	- 0.007	- 0.008
队列	0.002	- 0.255 **
年龄×队列	0.001	0.011 **
老年父母的生命阶段		
丧偶	- 0.025	- 0.253 **
停止工作	0.116 +	0.246 ***
儿子的生命阶段	（基准类型：无儿子）	
均无孙子女	- 0.135	0.558 *
最小孙子女 0~3 岁	- 0.186	0.254
最小孙子女 4~16 岁	- 0.146	0.263
孙子女均大于 16 岁	- 0.070	0.340 +
女儿的生命阶段	（基准类型：无女儿）	
均无孙子女	0.414	0.387
最小孙子女 0~3 岁	- 0.080	0.144
最小孙子女 4~16 岁	0.109	0.252 *
孙子女均大于 16 岁	0.068	0.299 *
控制变量		
上过学	0.247 *	0.174 *
ADL	- 0.024 ***	- 0.040 ***
子女数	- 0.077	- 0.113
随机效应		
层 2：截距	0.198	0.411 **
斜率	0.000	0.001 +
层 1：个体内	1.163	1.139
Deviance	8317.702	7001.419

　　注：***，$P < 0.001$；**，$P < 0.01$；*，$P < 0.05$；+，$P < 0.1$。

　　从图 5－6 中可以看出，各队列的发展轨迹在老年父亲和母亲之间的形态差异非常大。老年母亲的情感支持水平维持在一个较高的水平上，且基本没有明显的年龄趋势和队列间差异。而晚出生的老年父亲队列情感支持的平均水平经历了一个先下降、再上升的过程，早出生的队列老年父亲的情感支持水平随年龄显著上升，晚出生的队列老年父亲的情感支持的年龄斜率则逐渐降低，最晚出生的队列年龄斜率甚至变成了负向。

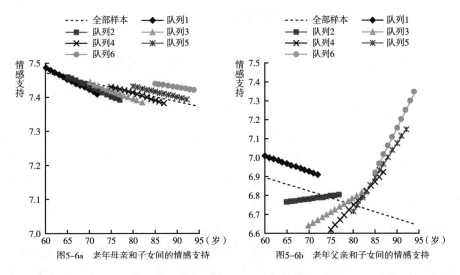

图5-6a　老年母亲和子女间的情感支持　　　　图5-6b　老年父亲和子女间的情感支持

图 5－6　老年父母和子女间的情感支持

（二）讨论

　　子女为老年人提供的经济支持和情感支持促进了代际情感交流，在他们提供实际支持的同时也提供了情感支持。情感支持与经济支持以及日常照料之间的关系与西方家庭的研究结果一致，即情感支持意味着潜在的、能满足未来需求的实际支持资源（Krause 等，1990；Thompson 和 Krause，1998）。上述结果表明，在与子女的情感支持方面，老年母亲相对于老年父亲更具优势。由于女性常扮演传统的家庭照料角色（胡幼慧，1995；张友琴，2001），老年母亲得到了子女更多的关注和情感支持，而老年父亲不善于与子女进行沟通交流，他们与子女间的情感质量不仅随其自身及其子女所处生命阶段的变动而上下波动，而且也受到社会变迁的历史效应的作用。丧偶的老年父亲与子女的感情亲近程度较低。这是因为，一方面，对于老年父亲来讲，丧偶（或离婚、未婚）不仅意味着没有伴侣，而且还使他脱离亲属、家庭和通常意义上的外部世界（Hyman，1983）；另一方面，老年人的配偶存活状况是决定老年人居住安排的重要影响因素，丧偶的女性老人多与子女同住，而丧偶的男性老人则多选择独居（Bahr 和 Peterson，1984）。因此，无配偶的老年父亲往往与外界更为隔离，与子女的情感交流水平较低。这也从侧面反映了老年母亲与子女之间的感情亲近程度更高，老年父亲往往通过老年母亲与子女进行代际情感交流。

第四节　小结

本章通过运用历时近十年的纵贯数据所构建的曲线增长模型，从老年父母的角度验证了第三章所构建的当代农村老年人家庭代际支持年龄模式的研究框架。结果表明，在由老年父母、子女及孙子女构成的扩展家庭（Extended Family）中，家庭成员不一定居住在一起，却结成了密切联系的网络。在老年父母相对于子女经济状况处于弱势、子女是老年父母养老资源主要提供者的现实情况下，代际关系犹如合作群体，使得契约得以跨越时间实施（Lee 和 Xiao，1998；Shi，1993）。伴随着时间的流逝和老年父母的逐渐衰老，代际的互助和交换依然广泛存在。

代际支持的年龄模式基本符合人们的主观感受，对于同一个出生队列、处于同样家庭生命阶段的老年人而言，随生理年龄的增长，他们得到子女的经济支持和器械支持总体上升，且更高年龄段的老人的增长率更高。总体上，老年父母为子女付出的经济支持在下降，但付出的器械支持随年龄的增长而上升，这一点和预期不符，说明老年人在年老体弱、本该放松休息的时候却仍然要为子女提供更多的照料帮助，这一点应该引起关注。

个体的发展道路和行为选择往往受到宏观环境的影响和构建，代际交换行为也是如此。本章对队列效应的分析结果表明，在讨论农村老年人所面临的家庭养老支持力的风险时，有必要把老年人群体看作同历史时间一起运动的各不相同的出生队列，而不是看作一个同质的整体。队列效应反映了外在的社会环境因素造成的影响，不同出生队列群体之间的差异源自各自队列群体所经历的不同社会风险，反映出社会变迁的历史效应。总体上看，同样年龄和同样家庭阶段的老年父母，那些较晚出生队列的老年父母和较早出生队列的老年父母相比，在经济方面的福利得到了明显的改善，与此同时，在接受子女照料方面的福利却有所下滑，不仅得到的子女器械支持减少，而且为子女付出的器械支持明显增多，这一结果符合本书的预期。

代际交换水平不仅受制于个体特定的生命阶段定位，也受制于家庭其他成员的发展需要。在老年父母生命阶段中，负面生命事件的发生对代际交换的影响基本符合预期，停止工作对老年父亲的影响更明显，丧偶对老年母亲的影响更加明显。停止工作后老年父母尤其是父亲会得到子女更多的经济支持，而老年父母付出的经济支持均减少，老年父亲得到的器械支持增加。丧偶后，老年父母尤其是母亲付出的经济支持明显减少，得到的器械支持明显增加，但丧偶后的老年母亲付出的器械支持明显增加。在子女生命历程阶段的时间次序（Time Sequence）上，有了孙子女之后，代际经济交往以及老年父母给予儿子的器械支持均将得到促进。在儿子方有 0 ~ 3 岁的孙子女阶段，老年父母付出的器械支持的强度最高，在儿子方孙子女 4 ~ 16 岁以及全部都成年这两个阶段，代际交换的强度逐级消减。与之相应，老年母亲得到和付出的经济支持也经历了从高到低的消减过程。

中国农村老年人家庭代际交换年龄模式存在着较为明显的性别差异。老年父亲在代际交换中体现出明显的经济优势，表现为其给予子女的经济支持水平高于母亲，而且得到和付出的经济支持都较为刚性。由于老年母亲固有的家庭照料者角色和对子女较多的依赖，老年母亲往往选择加强与子女的代际交换，属于"高流动契约"，以获得子女更多的补偿性支持。因此，当老年母亲照料孙子女时，子女经济上给予的补偿对于老年母亲非常重要。此外，本章也证实了儿子与老年父母在代际交换方面的生命联系比女儿更加密切。只有儿子的生命阶段对父母得到的经济支持量以及父母付出的器械支持量有显著影响。儿子和父母的经济交往水平高，在生命历程阶段的时间次序上消退出现得晚，女儿和父母的经济交往水平低，且消退出现得早。

近年来学者们越来越关注宏观的社会转型对微观家庭养老支持力和个体行为的影响。被普遍接受的观点认为，这种社会变迁导致老年人尤其是农村老年人可获得的养老资源减少，弱化了家庭养老的功能。而我们的研究表明，个体层面上代际交换随时间下降的现象确实存在，但不只是社会变迁的历史效应作用的结果，也与老年人的生理衰老和家庭成员所处的生命历程阶段相关。时代变迁给老年母亲带来的子女经济支持的加强程度要高于老年父亲，并且老年父亲越来越多地融入代际器械支持的付出也包含了社会变迁的历史效应。

第六章 成年子女代际支持的
年龄模式

第一节 研究设计

一 研究目标

根据第三章所提出的代际支持动态年龄模式，在由老年父母、成年子女及孙子女所构成的扩展家庭中，所有子女所提供和接受的代际支持构成了父母接受和提供的代际支持的对等方。对于具体某个成年儿子或女儿而言，他和老年父母之间的代际交换行为同样贯穿于其生命历程的始终。并且，子女自身资源状况和条件的变化，老年父母对支持需求的变化以及对其自身的下一代（孙子女）照料责任的承担，及共同分担养老责任的其他兄弟姐妹的需求和能力状况的制约和影响均会使成年子女付出和得到的代际交换水平发生变动。

本章将从成年子女的角度分析代际支持的动态年龄模式。本章依据第三章提供的代际支持动态年龄模式假设，及代际支持年龄模式分析框架提供的影响因素细化，按照成年子女的不同性别进行分解，对以下六个方面的研究问题进行回答。

①成年子女生理年龄的增加如何影响其与老年父母的代际支持水平？

②变动的社会宏观环境给不同出生队列的成年子女的代际支持行为发展轨迹带来什么影响，即代际交换在成年子女的出生队列间存在怎样的差异？

③成年子女的代际支持水平如何随着老年父母生命阶段的变化而变化？

④成年子女的代际支持水平如何随着老年子女自身及其兄弟姐妹生命阶段的变化而变化？

⑤上述作用在儿子和女儿间是否有所区别？

⑥不同队列的成年子女间代际支持水平的年龄发展轨迹是什么样的？

二　研究方法

本章所用的分析数据来自"安徽省老年人生活状况"抽样调查分别在2001年（时间1）、2003年（时间2）、2006年（时间3）和2009年（时间4）获得的纵向调查数据。所有至少参加了一期调查的子女样本均纳入本章的分析中（2009年第四期调查新加的样本没有计算在内），四期调查总共有17851个子女的信息，对应着1638位老人。由于本章的研究目标是子女与其老年父母的代际交换机制，对有拒答或回答不出来的问题的案例进行删除。通过数据统计描述分析发现，较小和较大年龄组的子女样本量非常少，造成这些年龄组的代际交换取值不稳定，数据跳跃非常严重，因此将子女样本限制在基期年龄位于21～55岁。实际用于分析的子女样本有6056个成年子女，其中包括3233个成年儿子（53.39%），2823个成年女儿（46.61%），分别对应着1473和1360个父母。实际用于分析的四期子女样本总数分别为：成年儿子样本总数为9536个，成年女儿样本总数为8315个。

与老年父母的代际支持年龄模式分析相似，本章依据第三章构建的代际支持年龄模式分析框架，将子女的代际支持划分为经济支持、生活照料和情感支持；按照代际支持的流向分为子女提供给父母（子女→父母）的支持和父母提供给子女（父母→子女）的支持，作为测量每个子女与老年人之间的双向感情亲密程度的指标，对情感支持未进行分流。

在本章以子女为对象的实证研究部分中，每一位存活子女作为一个案例。因此，来自同一家庭的子女会具有某些共同特征，比如父母的年龄、身体状况等。为了避免同一家庭的子女因为上述某些共同特征而产生相关性，将模型变量分为子女特征和家庭特征变量两部分，利用分层模型控制家庭特征变量的影响，并且引入随机因子来消除子女因为来自同一家庭而产生的整群效应，即对单个子女代际支持行为分析所采用的模型形式是引入随机效应（Random Effects）的分层嵌套模型。因此，在对子女代际支持的分析中，我们应用三层线性模型，模型的第一层因变量是子女的代际支持，每个子女的各期观测记录为第一层的单元，子女是第二层的单元，对应的老年父母是第三层的单元。

与二层线性模型的原理相似，建立子女层面代际支持水平的三层线性模型。模型的表达式如下所示：

层一：

$$
\begin{aligned}
Y = &P0 + P1 \times （成年子女年龄 - 21） + P2 \times 该子女结婚无子女 + \\
&P3 \times 该子女最小孙子女 0 \sim 3 岁 + P4 \times 该子女最小孙子女 \\
&4 \sim 16 岁 + P5 \times 该子女的孙子女均大于 16 岁 + P6 \times 兄弟姐妹 \\
&均无孙子女 + P7 \times 兄弟姐妹最小孙子女 0 \sim 3 岁 + P8 \times 兄弟姐妹最 \\
&小孙子女 4 \sim 16 岁 + P9 \times 兄弟姐妹的孙子女均大于 16 岁 + \\
&P10 \times 上过小学 + P11 \times 初中及以上 + E
\end{aligned}
\tag{6.1}
$$

层二：

$$P0 = B00 + B01 \times 成年子女的出生队列 + R0 \tag{6.2}$$
$$P1 = B10 + B11 \times 成年子女的出生队列 + R1 \tag{6.3}$$
$$P2 = B20 \tag{6.4}$$
$$P3 = B30 \tag{6.5}$$
$$P4 = B40 \tag{6.6}$$
$$P5 = B50 \tag{6.7}$$
$$P6 = B60 \tag{6.8}$$
$$P7 = B70 \tag{6.9}$$
$$P8 = B80 \tag{6.10}$$
$$P9 = B90 \tag{6.11}$$
$$P10 = B100 \tag{6.12}$$
$$P11 = B110 \tag{6.13}$$

层三：

$$
\begin{aligned}
B00 = &G000 + G001 \times 老年母亲 + G002 \times 老年父母未受过教育 + \\
&G003 \times 老年父母丧偶 + G004 \times 老年父母停止工作 + G005 \times \\
&老年父母年龄 75 岁及以上 + G006 \times 兄弟姐妹数 + G007 \times \\
&老年父母 ADL + U00
\end{aligned}
\tag{6.14}
$$

$$B01 = G010 \tag{6.15}$$
$$B10 = G100 \tag{6.16}$$
$$B11 = G110 \tag{6.17}$$
$$B20 = G200 \tag{6.18}$$
$$B30 = G300 \tag{6.19}$$
$$B40 = G400 \tag{6.20}$$
$$B50 = G500 \tag{6.21}$$

$$B60 = G600 \tag{6.22}$$

$$B70 = G700 \tag{6.23}$$

$$B80 = G800 \tag{6.24}$$

$$B90 = G900 \tag{6.25}$$

$$B100 = G1000 \tag{6.26}$$

$$B110 = G1100 \tag{6.27}$$

一层模型中各变量均为随时间变化的子女变量。（6.1）式中 Y 代表作为因变量的四种代际交换水平，均为连续变量；年龄为各调查期时点成年子女样本的周岁年龄，我们将年龄变量减去成年子女样本的最小年龄 21 岁进行对中（Centering），这样做的目的是使截距 P0 的解释有实际意义，同时可以减少年龄与队列及生命历程阶段变量间的多重共线性（Singer 和 Willett，2003）。在（6.1）式中，截距项 P0 为当所有虚拟解释自变量为基准类型、年龄为 21 岁的成年子女在 21 岁时代际支持的期望值。P1 为成年子女年龄增长 1 岁时代际支持变化率（增长率）的期望值。E 是在某时间点上的个体内随机误差。我们也尝试在模型中加入年龄变量的二次项，但是由于个体重复测量次数比较少，最多只有 4 次，年龄的二次项并不统计显著。因此，在这里使用一元线性增长模型来对代际支持随年龄的增长轨迹进行拟合是最优的估计方法（Raudenbush 和 Bryk，2002）。

一层模型中的参数值也取决于个体特征，我们在二层模型中引入出生队列这一非时变的个体特征变量作为一层模型参数的解释变量。在（6.2）式和（6.3）式中，B00 和 B10 分别代表控制个体特征后的代际交换平均初始水平和平均变化率。系数 B01 代表解释变量"子女出生队列"的斜率，用来解释代际交换平均初始水平在不同队列个体间的差异；系数 B11 代表代际交换的平均变化率在队列间的差异，同时代表年龄和队列的交互作用。最后，R0 和 R1 分别代表代际交换初始水平和变化率与平均初始水平和变化率的差异，该随机效应服从二元正态分布。

在模型的第三层上，第二层上的截距 B00 又称为结果变量，表示该截距系数在第三层单元（即老人）之间的随机变化，并增加老人的特征作为解释变量。本章采用 HLM 软件对上述模型进行拟合得到经验贝叶斯参数估计值。

本章对老年母亲和老年父亲分别建立模型，考察所有生理年龄和队列效应及其交叉项作用和生命阶段的效应。

三 变量的测量

下面将简要论述成年子女代际支持的年龄模式研究中所需变量的定义、测量方法和基本描述统计特征。显然在分析子女代际支持时也需要同样纳入相关的老年父母的特征变量作为家庭层面的控制变量。由于老人的性别结构、社会经济、婚姻状况以及家庭结构分布趋势大致不变，因此，本章对老年父母的基本统计信息不再赘述。

（一）因变量

根据代际支持的内容，将本章研究模型中的因变量分别设置为子女提供和接受的经济支持、生活照料水平和子女与老年人间的情感支持。

子女提供的经济支持是指该子女（包括其配偶）为被调查老人提供的现金、礼物、食品等物品的总价值。子女获得的经济支持是指被调查老人（包括其配偶）为该子女（包括子女家庭中的配偶和未成年孙子女）提供的现金、礼物和食品等物品的总价值。以该子女获得或提供的经济支持水平的对数值作为其在模型中对应的经济支持水平。具体测量方法同老年父母的经济支持回归分析中对单个子女经济支持的测量相同。为了消除不同调查年份通货膨胀因素的影响，我们按照巢湖地区各调查年份的居民消费价格指数（CPI）将2001年、2003年和2006年的钱数折算为2009年的可比数额。为了克服变量可能存在的分布的有偏性，以该成年子女获得或提供的经济支持水平的对数值作为其在模型中对应的经济支持水平。

子女提供的生活照料是指该子女（包括其配偶）为被调查者提供的家务帮助以及个人生活起居照料。子女获得的生活照料是指被调查老年人为该子女（包括其配偶）提供的上述帮助。将该子女及其配偶为老人提供帮助的得分进行累加，得到子女提供生活照料的水平值；按照同样原则累加得到子女获得的生活照料。具体的频率赋值方法同老年父母代际支持的回归分析中对个人生活照料频率的赋值规则相同。

情感支持指该子女与被调查老人之间的感情亲密程度，得分取值范围为3~9分，四次调查的量表的Alpha信度系数分别为0.86、0.96、0.83和0.86，稳定性较高。具体测量方法同老年父母的情感支持回归分析对单个子女情感支持的测量相同。

（二）自变量

1. 成年子女的年龄和队列

成年子女的年龄是用调查年份成年子女的实际周岁年龄来测量的，本研究成年子女样本在 2001 年基期的年龄范围为 21~55 岁。根据成年子女的出生年份划分为 7 个出生队列，变量赋值方法为：0 = 1976~1980 年；1 = 1971~1975 年；2 = 1966~1970 年；3 = 1961~1965 年；4 = 1956~1960 年；5 = 1951~1955 年；6 = 1946~1950 年，取值越大表示出生年份越早。基期（2001 年）各出生队列的年龄范围分别为：21~25 岁，26~30 岁，31~35 岁，36~40 岁，41~45 岁，46~50 岁和 51~55 岁。

2. 老年父母所处的生命历程阶段

老年父母所处的生命历程阶段包括"婚姻状况"（1 = 丧偶；0 = 未丧偶）和"工作状况"两个变量，通过询问被访老年人"您现在还工作吗"来测量老年人的工作状况，选项采用三级测量："完全工作（和以前一样）"、"部分工作（比以前干活少了）"和"没有工作"。对答案采用两级测量，答案是"没有工作"则变量取值为 1，否则为 0。

3. 儿子或女儿所处的生命历程阶段

将儿子或女儿所处的生命历程划分为 5 个阶段。以儿子为例，阶段划分为："无儿子"；"无儿子方孙子女"，指该老人有儿子，但所有的儿子都还没有自己的子女；"儿子方最小孙子女 0~3 岁"，指所有儿子中最小子女周岁年龄界于 0~3 岁，0 岁指周岁不满一岁；"儿子方最小孙子女 4~16 岁"，指所有的儿子中的最小的子女周岁年龄界于 4~16 岁；"儿子方最小孙子女大于 16 岁"，指所有儿子的孙子女周岁年龄均超过了 16 岁。女儿的生命历程阶段的测量也与此类似。上述阶段都是"0、1"的虚拟变量。

4. 其他兄弟姐妹所处的生命历程阶段

将其他兄弟姐妹所处的生命历程划分为 5 个阶段。阶段划分为："无兄弟姐妹"；"兄弟姐妹均无孙子女"，指该子女有兄弟姐妹，但所有的兄弟姐妹都还没有自己的子女；"兄弟姐妹最小孙子女 0~3 岁"，指所有的兄弟姐妹的孙子女中最小的周岁年龄界于 0~3 岁，0 岁指周岁不满一岁；"兄弟姐妹最小孙子女 4~16 岁"，指所有的兄弟姐妹的孙子女中最小的周岁年龄界于 4~16 岁；"兄弟姐妹的孙子女均大于 16 岁"，指所有的兄弟姐妹的孙子女周岁年龄均超过了 16 岁。上述阶段都是"0、1"的虚拟变量。

（三）控制变量

控制变量为老年父母的年龄、性别、健康状况和受教育程度以及该成年子女的受教育程度和兄弟姐妹数。

将老年父母的年龄分为"75 岁及以上"和"不到 75 岁"进行两级测量，以"不到 75 岁"为基准类型。老年父母的性别以"老年父亲"为基准类型。研究中采用老年人行为能力的功能障碍数作为健康指标，基本生活自理能力 PADL 测量采用 Katz 量表（Katz, 1983），共有六个项目：洗澡、吃饭、穿衣、下床、在房间内走动、上厕所；应用设施的生活自理能力的测量包括做饭、购物、乘车、做家务、家庭理财 5 个项目；对活动能力的测量包括提起或搬动 10 公斤重的东西、爬一层楼的楼梯或台阶、弯腰（蹲下）或跪坐、步行 100 米。上述 15 个项目全部采用两级测量：0 = 没有困难；1 = 有点困难或自己根本做不了，如果回答是 8（拒答）或 9（不知道）则计为 0（视作没有困难）。把全部量表的 15 项得分进行累加，得到被调查者的功能障碍数得分，量表的得分范围为 0 ~ 15 分，得分越高说明功能障碍数越多，生活自理能力越差。上述 15 项问题构成的总量表中四次调查的 Alpha 系数分别为 0.94、0.96、0.96 和 0.87，表明总量表的稳定性很好。将老年父母的受教育水平分为"从未上过学"和"上过学"进行两级测量，以"上过学"为基准类型。将成年子女的受教育水平分为"从没上过学"、"上过小学"和"初中及以上"进行三级测量，以"从没上过学"为基准类型。兄弟姐妹数为调查年份存活的兄弟姐妹总数。

第二节 成年子女代际支持年龄模式的影响因素

本节将首先从成年子女的角度用图形的方式来描绘各年龄成年子女获得和提供代际支持的均值高低，该均值是在所有四期纵观数据合并在一起的基础上计算出来的。和第五章的图形类似，这些图形仅仅可以展现分队列的数据结构，而不能将之作为年龄和队列效应的解释性证据，因为年龄和队列效应可能存在交互作用，且其他的影响因素也尚未分离出来。

一　分队列和性别的成年子女代际交换动态发展水平现状

如图 6 - 1a 所示，无论是成年女儿还是儿子，出生队列越晚的成年子女总体上为老年父母付出的经济支持量在上升，在队列内部，子女付出的经济支持量随时间变动和年龄增加，其总体趋势亦是上升的。在同队列同年龄情况下，付出经济支持量平均值在子女间差别不明显，但队列内随年龄的增长，成年儿子要略高于成年女儿。如图 6 - 1b 所示，总体上，成年子女得到老年父母的经济支持水平随着时间的推移在迅速下降，其中由队列带来的影响并不明显。总体上看，儿子得到的经济支持高于女儿，儿子方面随时间下降的速率也高于女儿。

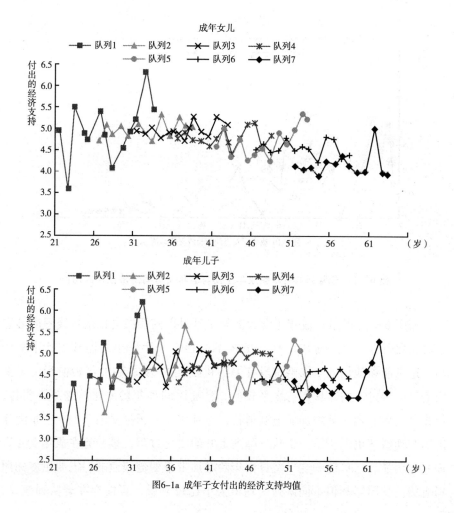

图6-1a 成年子女付出的经济支持均值

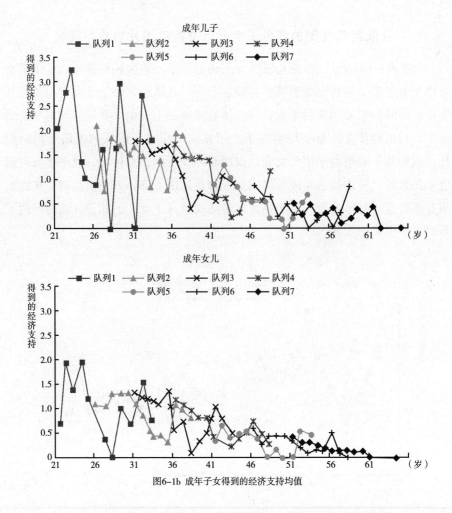

图6-1b 成年子女得到的经济支持均值

图 6 – 1　分队列的各年龄成年子女与老年父母间经济交换的均值

如图 6 – 2a 所示，成年子女为老年父母付出的器械支持从折线图的形态上看大致可分成三个阶段，21 ~ 26 岁的阶段，子女付出的器械支持水平较高，这可能和他们处于未婚阶段有关。其后至 41 岁左右的年龄阶段，子女为老年父母付出的器械支持水平较低，且随时间和年龄变化的趋势不明显，但在这之后，随年龄增加而急剧增长，并且成年儿子提供的器械支持量随年龄的变动斜率也经历了一个从下降到上升的变化过程，该趋势在成年女儿方面并不明显。这可能和老年父母由年龄增加带来的健康衰弱，需要更多的照料有关。从同年龄但不同队列的均值大小比较来看，可能存在着队列效应，较早出生队列的子女付出的器械支持水平高于晚出生队列的子女，且成年儿子更加明显。总体上看，成年儿子提供的器械支持水平高于成年女儿。如图6－2b所示，子女尤其是成年儿子得到老年提供的器械支持具有非常明显的随时间变动的规律。其水平在成年子女26～35岁时达到最高峰，其后迅速降低。这可能是由于在这个年龄段，子女会有较小的孙子女需要老年父母帮助照料，队列间差异和性别间差异也非常明显，儿子得到老年父母的器械支持量远大于女儿。晚出生队列的子女得到老年父母的器械支持量明显高于早出生队列的子女，对于成年儿子该队列效应尤其明显。从图6－2的器械支持水平随时间发展的规律可以看出，除了生理增龄和队列差异外，成年子女所处的家庭生命阶段可能也起着重要的影响。

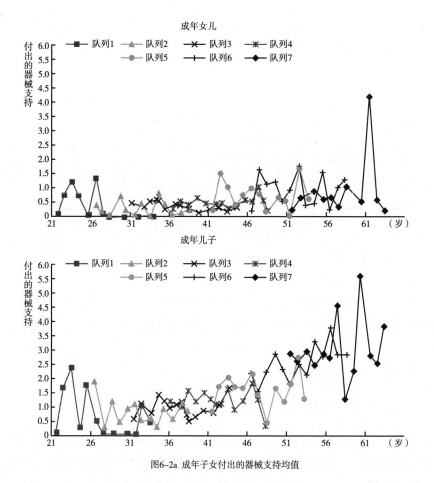

图6-2a 成年子女付出的器械支持均值

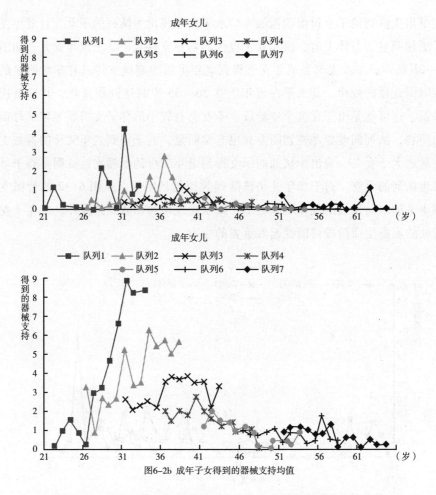

图6-2b 成年子女得到的器械支持均值

图 6 - 2　分队列的各年龄成年子女与老年父母间器械交换的均值

如图 6 - 3 所示，成年子女和老年父母的情感支持水平在子女 21 ~ 26 岁年龄段较高。其后总体处于下降趋势，儿子下降的趋势更加明显，女儿与老年父母的感情亲密程度超过儿子，总体较为平稳。无论是女儿还是儿子，队列因素的作用均不明显。

二　成年子女代际交换年龄模式的影响因素现状

下面将描述四次调查中成年子女经济支持、生活照料及情感支持分年龄段和性别的分布，按照第三章代际支持年龄模式分析框架中的相关影响因素，给出成年子女代际支持年龄模式影响因素的基本描述。依据本文的分析

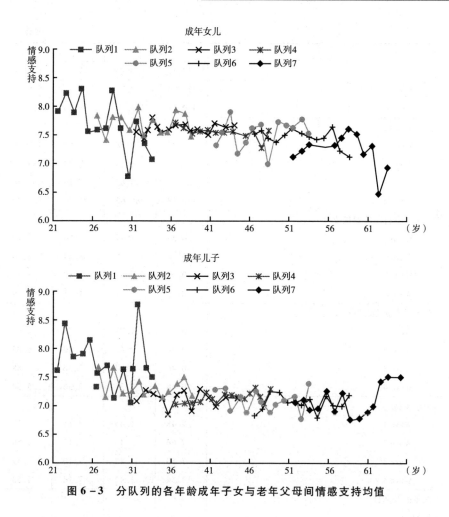

图6-3　分队列的各年龄成年子女与老年父母间情感支持均值

框架，按照代际支持、年龄和出生队列以及生命历程阶段和控制变量的顺序，分别对它们在四次调查时点所获得的信息进行具体描绘（见表6-1）。

表6-1　2001年、2003年、2006年和2009年成年子女代际
支持面板数据分析的相关变量描述信息

变　　量	女儿		儿子	
	均值	标准差	均值	标准差
代际支持				
成年子女提供的经济支持(千元)				
Wave 1(2001年)	227.91	488.55	344.03	758.7
Wave 2(2003年)	257.29	463.18	400.83	751.89

续表

变 量	女儿		儿子	
	均值	标准差	均值	标准差
Wave 3(2006 年)	317.74	558.77	513.32	865.51
Wave 4(2009 年)	464.48	775.00	651.56	1150.56
成年子女获得的经济支持(千元)				
Wave 1	34.18	313.58	76.43	469.28
Wave 2	31.77	288.85	70.78	389.77
Wave 3	20.38	419.62	95.70	1207.26
Wave 4	40.67	688.62	96.49	561.70
成年子女付出的器械支持				
Wave 1	0.53	2.49	1.50	5.10
Wave 2	0.64	2.99	1.54	5.30
Wave 3	0.40	2.37	1.37	5.12
Wave 4	0.53	2.89	1.51	5.39
成年子女获得的器械支持				
Wave 1	0.25	1.77	1.58	4.69
Wave 2	0.36	2.43	2.20	6.03
Wave 3	0.46	2.54	2.36	5.88
Wave 4	0.48	2.38	2.36	5.54
情感支持				
Wave 1	7.48	1.45	7.11	1.59
Wave 2	7.68	1.40	7.17	1.58
Wave 3	7.50	1.42	7.10	1.59
Wave 4	7.54	1.42	7.16	1.53
子女年龄及队列				
年龄				
Wave 1	38.69	7.91	38.97	7.86
Wave 2	40.35	7.91	40.72	7.87
Wave 3	43.01	7.76	43.35	7.70
Wave 4	44.83	7.69	45.11	7.34
队列	3.01	1.55	3.08	1.55
老人的生命阶段				
丧偶				
Wave 1	36.37		38.23	
Wave 2	38.35		40.35	
Wave 3	41.61		44.80	
Wave 4	43.31		45.93	

续表

变　　量	女儿		儿子	
	均值	标准差	均值	标准差
停止工作(%)				
Wave 1	52.52		54.79	
Wave 2	53.70		56.78	
Wave 3	56.30		58.22	
Wave 4	52.65		55.59	
子女的生命阶段(%)				
未婚(Wave 1)	1.54		7.95	
结婚无子女(Wave 1)	1.54		3.26	
最小子女0~3岁(Wave 1)	7.44		9.09	
最小子女4~16岁(Wave 1)	63.50		61.42	
最小子女大于16岁(Wave 1)	25.98		18.28	
Wave 2	0.71		5.83	
Wave 2	0.80		2.21	
Wave 2	5.61		8.15	
Wave 2	62.53		60.70	
Wave 2	30.36		23.12	
Wave 3	0.28		4.09	
Wave 3	0.39		1.83	
Wave 3	3.51		5.25	
Wave 3	51.73		51.88	
Wave 3	44.09		36.96	
Wave 4	0.15		3.74	
Wave 4	0.67		1.46	
Wave 4	2.37		3.05	
Wave 4	35.48		38.07	
Wave 4	61.33		53.68	
兄弟姐妹的生命阶段(%)				
无兄弟姐妹(Wave 1)	1.38		1.53	
均无子女(Wave 1)	23.42		22.45	
最小子女0~3岁(Wave 1)	20.87		18.28	
最小子女4~16岁(Wave 1)	47.84		50.25	
子女均大于16岁(Wave 1)	6.49		7.50	
Wave 2	1.47		1.36	
Wave 2	16.65		16.20	
Wave 2	17.47		16.88	
Wave 2	56.42		56.29	
Wave 2	8.00		9.27	

变 量	女儿		儿子	
	均值	标准差	均值	标准差
Wave 3	1.37		1.15	
Wave 3	12.33		12.12	
Wave 3	12.66		11.88	
Wave 3	61.40		60.23	
Wave 3	12.22		1 4.61	
Wave 4	1.76		1.14	
Wave 4	9.78		11.24	
Wave 4	10.37		8.78	
Wave 4	56.47		55.97	
Wave 4	21.62		22.87	
控制变量(%)				
老年父母年龄(大于等于75岁)				
Wave 1	31.48		33.31	
Wave 2	34.89		36.85	
Wave 3	40.95		42.84	
Wave 4	54.93		56.35	
老年父母未上过学(不随时间变化)	75.89%		76.97%	
老年父母的健康状况(ADL)				
Wave 1	3.60	4.42	3.77	4.54
Wave 2	3.64	4.79	3.80	4.87
Wave 3	4.96	5.22	5.16	5.36
Wave 4	3.49	4.91	3.54	4.96
兄弟姐妹数				
Wave 1	3.80	1.50	3.66	1.51
Wave 2	3.79	1.50	3.63	1.48
Wave 3	3.82	1.50	3.63	1.48
Wave 4	3.74	1.47	3.59	1.43
老年父母性别(不随时间变化)	51.37%		53.10%	
子女的受教育程度:从未上过学(Wave 1)	55.15%		18.78%	
结婚无子女(Wave 1)	28.02%		36.51%	
最小子女0~3岁(Wave 1)	16.82%		44.71%	
Wave 2	53.53%		17.46%	
Wave 2	29.25%		36.55%	
Wave 2	17.22%		45.99%	

续表

变　量	女儿		儿子	
	均值	标准差	均值	标准差
Wave 3	49.53%		16.16%	
Wave 3	31.27%		36.08%	
Wave 3	19.20%		47.75%	
Wave 4	48.13%		16.04%	
Wave 4	31.57%		35.40%	
Wave 4	20.30%		48.56%	

如表6-1所示，随着时间的推移，社会经济的发展和人民收入水平的提高，成年子女获得和提供的经济支持水平也有所增加。成年子女为老年父母提供的经济支持要远高于他们从老年父母处获得的经济支持。各期调查中，儿子为老年父母提供的经济支持水平都高于女儿，同样，儿子所得到的经济支持水平也高于女儿。在前两个调查期中，女儿提供的器械支持水平要高于她们所获得的器械支持水平，而后两个调查期中，女儿提供和获得的器械支持水平大体相当；各期儿子所获得的老年父母的器械支持量都超过了他们所提供的器械支持量。老年父母和子女间的情感支持水平较高，平均水平的最高值为9，而报告的情感支持水平分值达到了7以上，女儿和老年父母之间的情感支持水平高于儿子。

基期样本中，成年女儿和成年儿子的平均年龄分别为38.69岁和38.97岁。成年儿子和女儿样本的平均年龄相当，随着时间的推移，成年子女样本的平均年龄也随调查期的增加而随之上升。40%左右的成年子女样本的老年父母处于丧偶的状态，老年父母停止工作的比例也很高，为50%～60%。由于农村男性初婚年龄高于女性，因此处于未婚阶段的成年儿子比例远远高于成年女儿，成年子女所处的生命阶段大部分位于"最小子女4～16岁"的阶段中，其次是"子女均大于16岁"的阶段，再次是"最小子女0～3岁"的阶段。没有兄弟姐妹的成年儿子或女儿的人数很少，大多数情况下，兄弟姐妹所处的生命阶段大部分位于"最小子女4～16岁"的阶段中，其次是"均无子女"和"最小子女0～3岁"的阶段，处于"兄弟姐妹的最小子女均大于16岁"阶段的子女样本最少。成年子女样本所对应的老年父母年龄偏高，基期超过30%的老年父母年龄超过75岁，到了第四次调查，比例高达50%以上的老年父母年龄超过75岁。超过3/4的样本子女的老年父母未接受过任何正式教育。成年子女的平均兄弟姐妹数超过了3个。和儿子样本相比，女儿样本的受教育程度明显较低，一半左右的成年女儿未上过学，而这个比例在成年儿子中不超过1/5；只有不到1/5的成年女儿的教育程度在初中及以上，这个比例在成年儿子中接近一半。

第三节　成年子女代际支持年龄模式分析

一　成年子女经济支持年龄模式

（一）回归结果

表6-2以成年子女付出和得到的经济支持量为因变量，分成年女儿和成年儿子样本的多层线性增长模型回归结果。

1. 提供的经济支持

表6-2中，模型1-1和模型1-2的结果显示，成年子女为老年父母提供的经济支持量随年龄增加而显著增长，且成年儿子增长的年龄斜率大于女儿。队列效应显著为负（结果未显示），表明较晚出生队列组的成年子女

表6-2　成年子女付出和得到的经济支持量的线性增长模型的系数估计值

	付出的经济支持量		得到的经济支持量	
	成年女儿 （N = 2823）	成年儿子 （N = 3233）	成年女儿 （N = 2823）	成年儿子 （N = 3233）
固定效应	模型1-1	模型1-2	模型2-1	模型2-2
截距	4.042 ***	3.386 ***	1.834 ***	2.412 ***
年龄	0.029 *	0.063 ***	-0.073 ***	-0.100 ***
队列	-0.204 **	-0.310 **	0.162 **	0.053
年龄×队列	0.001	-0.001	0.003 +	0.009 **
老年父母的生命阶段				
丧偶	0.005	-0.014	-0.323 ***	-0.100
停止工作	0.279 **	0.695 ***	-0.102	-0.123

续表

	付出的经济支持量		得到的经济支持量	
	成年女儿 （N = 2823）	成年儿子 （N = 3233）	成年女儿 （N = 2823）	成年儿子 （N = 3233）
子女的生命阶段	（基准类型：未婚）			
结婚无子女	0.290	0.652 **	0.177	− 0.126
最小孙子女 0 ~ 3 岁	0.491 +	0.772 ***	0.583 *	0.687 ***
最小孙子女 4 ~ 16 岁	0.509 +	1.002 ***	0.481 +	0.860 ***
孙子女均大于 16 岁	0.410	0.886 ***	0.346	0.486 **
兄弟姐妹的生命阶段	（基准类型：无兄弟姐妹）			
均无孙子女	0.210	− 0.706 *	− 0.093	0.045
最小孙子女 0 ~ 3 岁	0.231	− 0.257	− 0.145	0.202
最小孙子女 4 ~ 16 岁	0.247	− 0.447	− 0.145	0.058
孙子女均大于 16 岁	0.181	− 0.362	− 0.200	0.088
控制变量				
老年父母的年龄	− 0.153 +	− 0.111	− 0.154 *	− 0.446 ***
老年父母的性别	− 0.079	0.191 +	0.185 **	0.087
老年父母的健康（ADL）	− 0.020 *	− 0.013	− 0.027 ***	− 0.033 ***
老年父母上过学	0.045	− 0.111	− 0.255 **	− 0.345 ***
子女的教育	（基准类型：从未上过学）			
小学	0.256 ***	0.476 ***	0.141 *	0.020
初中及以上	0.543 ***	0.739 ***	0.213 **	0.161 +
兄弟姐妹数	− 0.027	0.022	− 0.104 ***	− 0.115 ***
随机效应				
层 2：截距 R0	0.168 *	1.953	1.872	2.722
斜率 R1	0.001 ***	0.004	0.002 ***	0.003
层 1：个体内 E	2.723	4.494	1.807	3.123
层 3：U00	0.801 ***	1.308 ***	0.208 ***	0.315
Deviance	19080.09	23948.70	17331.58	21812.41

注： *** P < 0.001，** P < 0.01，* P < 0.05，+ P < 0.1。

为老年父母提供的经济支持较多。子女为停止工作后的老年父母提供了更多的经济支持，且 T 检验结果表明这种经济支持增加的幅度，成年儿子多于成年女儿。

成年儿子在结婚后的所有阶段为老年父母提供的经济支持都高于未婚阶段，而成年女儿只在最小孙子女 16 岁及以下时为老年父母提供了高于未婚阶段的经济支持量。成年女儿和儿子所提供的经济支持量基本不受有无兄弟姐妹以及兄弟姐妹所处的生命阶段的影响，除了儿子在其他兄弟姐妹均无子女的阶段会显著减少为老年父母提供的经济支持量。

女儿为年龄大于 75 岁的老年父母提供的经济支持有所减少（-0.153），老年父母的功能障碍数的增加也会降低成年女儿为其提供的经济支持量。儿子为老年母亲提供的经济支持量多于老年父亲（0.191）。子女受教育程度的提高对他们为老年父母提供的经济支持量有明显的正向影响。

从图 6-4a 中可以看出成年子女为老年父母提供的经济支持的年龄发展轨迹在队列间有着显著的差异。对于成年女儿，不考虑队列效应时，整体的增龄效应是略微正向的，控制了队列效应后，增龄的净效应变为明显

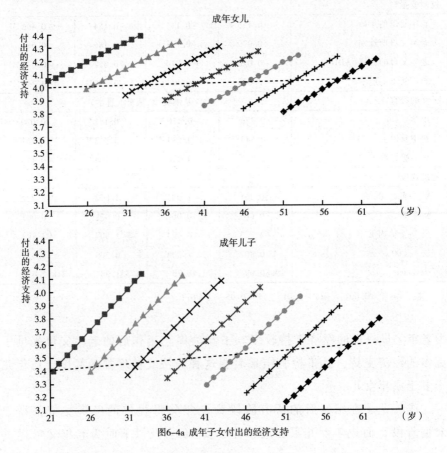

图6-4a 成年子女付出的经济支持

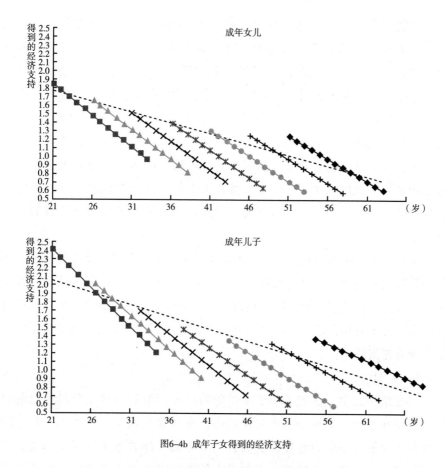

图6-4b 成年子女得到的经济支持

**图6-4　成年子女与老年父母间经济交换随子女增龄的
发展轨迹及队列间差异**

的正向作用。对于成年儿子，在控制了队列效应后，增龄的正向效应变得
更大。

2. 获得的经济支持

表6-2的模型2-1和模型2-2的结果显示，成年子女得到老年父母
的经济支持随年龄的增长而显著减少。成年女儿的队列效应显著为正，说明
晚出生队列的女儿得到老年父母的经济支持比较早出生队列的女儿更少。对
于儿子和女儿，出生队列和年龄的交互项均显著为正，说明晚出生队列组的
儿子和女儿得到经济支持量的年龄斜率更小。老年父母的丧偶会显著降低成
年子女获得的经济支持量。

在成年儿子方有了孙子女以及女儿方的孙子女未成年的阶段，他们获得的老年父母的经济支持量相对于未婚阶段都有了显著的增长，但其他兄弟姐妹所处的生命阶段对成年子女获得的经济支持水平无显著影响。

老年父母的年龄超过 75 岁之后，成年子女得到的经济支持水平会出现显著的降低。老年母亲比老年父亲为成年女儿提供了更多的经济支持。老年父母功能障碍数的增加会对成年子女得到的经济支持量造成显著的负向影响。未上过学的老年父母的成年子女得到的经济支持量显著地少于上过学的老年父母的成年子女。子女教育水平的提高会对他们得到的经济支持量起到正向的影响。兄弟姐妹数的增加将显著减少成年子女获得的经济支持水平。

从图 6－4b 中可以看出成年子女从老年父母处得到的经济支持量的年龄发展轨迹在队列间有着显著的差异。对于成年女儿和儿子，不考虑队列效应时，整体的增龄效应均为负向，控制了队列效应后，增龄的负向效应变得更加明显。对于成年儿子，晚出生队列的儿子得到的经济支持量随年龄下降的斜率变得更加陡峭。

（二）讨论

上述结果表明，随着成年子女年龄的增长，他们为老年父母付出的经济支持量在增加，而得到老年父母的经济支持量在减少。一方面，可能因为成年子女的经济能力在逐渐提高；另一方面，随着老年父母的衰老，其独立的经济收入能力在降低，而对子女的资助需求在逐渐增加。同第五章的结论一致，上述模型的结果从子女的角度再次表明：随着社会变迁，子女对老年父母的经济支持的历史趋势得到了加强。一方面表现在，处于越晚的出生队列组的成年子女为老年父母所付出的经济支持越多；另一方面表现在，越晚出生队列的成年女儿得到的父母经济支持量越少，以及成年子女得到经济支持量随年龄的下降斜率变得越陡峭。其原因可能是出生队列越晚的成年子女相对于出生队列较早的成年子女在教育程度方面更有优势，并且外出打工的比例更高，他们更有经济实力为老年父母提供更多的帮助。

总体来说，老年父母负面生命事件的发生往往暗含着老年父母得到子女代际支持的需求的提高。表现在经济支持方面，子女会提高给予停止工作的老年父母的经济支持量。而老年父母丧偶后也会降低给予成年子女的经济支持水平。子女的结婚成家以及生育孙子女的生命事件的发生往往成为成年子女和父母之间经济交换水平提升的标志。数据结果表明，成年子女结婚后，尤其是生育了子女之后，会提高给予父母的经济支持量，而他们得到父母的经济支持水平的提升也和孙子女的出生，尤其是孙子女未成年的情况相关联。

相对于兄弟姐妹方的其他生命阶段，在兄弟姐妹方均无孙子女的阶段，成年儿子为老年父母付出的经济支持量最少。这可以从两个角度来解释：一方面，可能反映了在给予老年父母的经济支持方面，兄弟姐妹之间有示范作用，即当其他兄弟姐妹，尤其是兄弟，有子女之后会提高给予父母的经济支持，对该子女起到了正向的示范作用；另一个方面也可能是因为当其他兄弟姐妹有了子女之后，他们对于老年父母为他们提供孙子女和家务照料的需求上升，而老年父母的照料毕竟是一个有限的资源，因此，可能使得成年儿子提高对父母的经济帮助水平，从而诱使老年父母为其提供更多的照顾。儿子为老年母亲提供的经济支持比老年父亲多。在中国传统的父系家庭关系下，老年母亲仍然处于"从夫""从子"的地位。由于老年母亲在经济，健康方面的劣势，对子女的依赖程度更高，往往选择加强与子女，尤其是与儿子的代际交换，以获得更多的补偿性支持。而上述模型结果还表明，女儿从老年母亲处得到的经济支持量比从老年父亲处得到的更多。成年女儿与老年父母之间的经济交换总体水平比较低，主要是过年过节女儿往往在回娘家时为老人提供以食品、礼物为主的较低价值的经济支持。由于女儿与父母之间经济交换往往有即时性的特点，老年父母通常以还礼、给孙子女买零食、给孙子女压岁钱等方式给成年女儿以低水平的经济回馈。而家庭内部成员间这些礼尚往来的行为往往由老年母亲负责操办，因此相较于老年父亲，女儿从父母处得到的经济支持多来自老年母亲。

二　成年子女器械支持年龄模式

（一）回归结果

表 6-3 是以成年子女提供和得到的器械支持量为因变量，分成年女儿和成年儿子样本的多层线性增长模型回归结果。

表 6 – 3　成年子女提供和获得的器械支持量的线性增长模型的系数估计值

	提供的器械支持量		得到的器械支持量	
	成年女儿 (N = 2823)	成年儿子 (N = 3233)	成年女儿 (N = 2823)	成年儿子 (N = 3233)
固定效应	模型 3 – 1	模型 3 – 2	模型 4 – 1	模型 4 – 2
截距	0.830 ***	1.917 *	1.215 ***	2.941 ***
年龄	– 0.017	– 0.055 +	0.048 **	0.105 **
队列	– 0.011	– 0.094	– 0.220 *	– 1.111 ***
年龄 × 队列	0.003	0.018 *	0.001	0.009
老年父母的生命阶段				
丧偶	0.230 *	1.197 ***	0.033	0.913 ***
停止工作	– 0.025	0.191	0.023	– 0.656 **
子女的生命阶段		（基准类型：未婚）		
结婚无子女	– 0.621	0.192	– 0.783 *	0.044
最小孙子女 0 ~ 3 岁	– 0.672 +	0.392	– 0.391	3.878 ***
最小孙子女 4 ~ 16 岁	– 0.589	0.377	– 0.217	2.718 ***
孙子女均大于 16 岁	– 0.438	0.132	– 0.846 *	0.235
兄弟姐妹的生命阶段		（基准类型：无兄弟姐妹）		
均无孙子女	– 4.065 ***	– 0.855	– 2.135 **	– 1.314 +
最小孙子女 0 ~ 3 岁	– 4.083 ***	– 0.651	– 2.388 **	– 1.232 +
最小孙子女 4 ~ 16 岁	– 4.188 ***	– 0.762	– 2.255 **	– 1.092
孙子女均大于 16 岁	– 3.921 ***	0.224	– 2.108 **	– 1.254 +
控制变量				
老年父母的年龄	– 0.033	0.458 *	– 0.198 +	– 0.108
老年父母的性别	0.188 +	0.288	0.238 *	0.892 **
老年父母的健康（ADL）	0.029 **	0.092 ***	– 0.010	– 0.070 **
老年父母上过学	0.095	– 0.090	0.069	– 0.235
子女的教育		（基准类型：从未上过学）		
小学	– 0.057	0.478 *	– 0.047	– 0.027
初中及以上	– 0.004	0.528 *	0.121	– 0.329
G006 兄弟姐妹数	– 0.107 **	– 0.393 ***	– 0.122 **	– 0.434 ***
随机效应				
层 2：截距 R0	2.557	11.120	0.130	14.344
斜率 R1	0.017 ***	0.083 ***	0.000	0.009 *
层 1：个体内 E	5.763	23.593	5.822	25.954
层 3：U00	0.081 ***	0.222 ***	1.051 ***	5.221 ***
Deviance	22581.59	32375.96	22436.82	33096.20

注：*** , P < 0.001；** , P < 0.01；* , P < 0.05；+ , P < 0.1。

1. 提供的器械支持

表6-3中，模型3-1和模型3-2的结果显示，成年儿子为老年父母提供的器械支持量随年龄增加而略微下降，且年龄和出生队列的交叉项显著为正，表明晚出生队列的成年儿子为老年父母提供的器械支持量随年龄变动的斜率更小。老年父母丧偶后，成年子女为他们提供的器械支持量会显著提高，T检验的对比结果表明，这种提高的效应成年儿子显著大于成年女儿。

成年儿子为老年父母付出的器械支持量不受其所处的生命阶段的影响，而成年子女在最小孙子女0~3岁的阶段为老年父母付出的器械支持量有明显的减少。只要有兄弟姐妹，无论他们所处哪一个生命阶段，都会降低成年女儿提供的器械支持量。

相对于75岁以下的老年父母，成年儿子为75岁及以上的老年父母提供的器械支持量更多。随老年父母功能障碍数的增加，成年子女为老年父母提供的器械支持量在随之增加，且T检验对比结果表明，成年儿子的增加更为明显。成年女儿为老年母亲提供的器械支持量显著多于老年父亲。受教育程度的增加对成年儿子付出的器械支持量有正向的影响。兄弟姐妹数的增加会显著降低成年子女提供的器械支持水平。

从图6-5a中可以看出成年子女为老年父母付出的器械支持量的年龄发展轨迹在成年女儿和成年儿子之间有着显著的差异。成年女儿付出的器械支持量水平很低，且年龄发展轨迹在队列间无明显差别，也无明显的年龄趋势。而成年儿子在不考虑队列效应时，整体的增龄效应为正向，在控制了队列效应后，队列的增龄效应按出生队列由早到晚的顺序逐渐变小，较早出生的三个队列的成年儿子，其年龄斜率为正向，而较晚的四个出生队列的成年儿子的年龄斜率为负。

2. 获得的器械支持

表6-3中模型4-1和模型4-2的结果显示，成年子女从老年父母处获得的器械支持量随年龄增加而显著上升，且T检验的对比结果表明，儿子的年龄效应大于女儿。出生队列的效应显著为负，表明较晚出生队列的成年子女从老年父母处得到的器械支持量更少，且T检验的对比结果表明，这种效应对于成年儿子更加明显。老年父母丧偶后，成年儿子得到的器械支持量会显著提高；老年父母停止工作后，成年儿子得到的器械支持

量会显著降低。

　　相对于未婚阶段，成年女儿从老年父母处得到的器械支持量比在结婚无子女的阶段和孙子女均大于 16 岁的阶段都有明显的降低，而成年儿子从老年父母处得到的器械支持量比未婚阶段要明显升高。与独生女儿和独生儿子相比，有兄弟姐妹的女儿和儿子得到的器械支持较少。

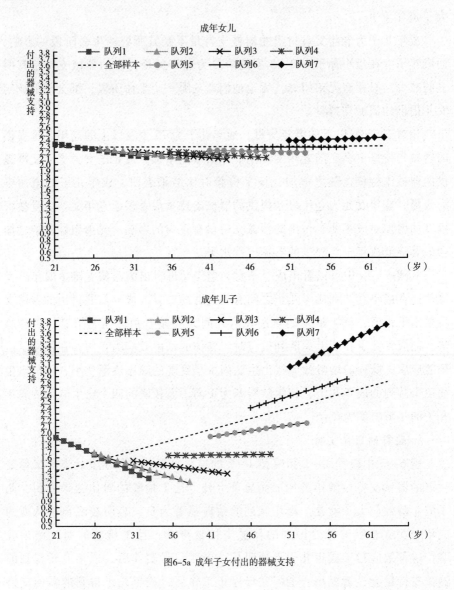

图6-5a 成年子女付出的器械支持

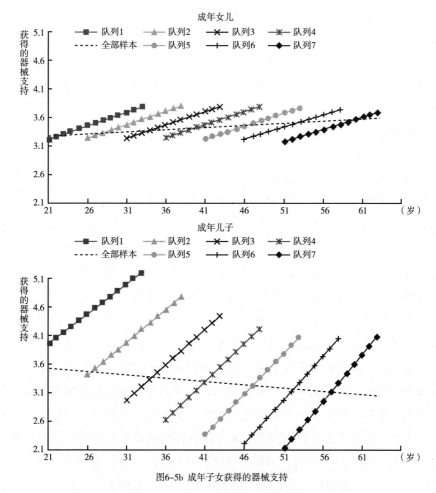

图6-5b 成年子女获得的器械支持

**图 6 – 5 成年子女与老年父母间器械支持随子女增龄的
发展轨迹及队列间差异**

相对于 75 岁以下的老年父母，成年儿子从 75 岁及以上的老年父母处得
到的器械支持量更少。成年子女，尤其是成年儿子从老年母亲处得到的器械
支持量远多于从老年父亲处得到的器械支持量。老年父母功能障碍数的增
加，对成年儿子得到的器械支持量有负面的作用。随兄弟姐妹数的增多，成
年子女得到的器械支持量在降低，T 检验的结果表明，这种影响对于儿子更
加明显。

从图 6 – 5b 中可以看出，成年子女得到老年父母所给予的器械支持量的
年龄发展轨迹在成年女儿和成年儿子之间有着显著的差异。成年女儿得到的

器械支持量水平较低，在不考虑队列效应时，整体的增龄效应为正向，在控制了队列效应后，增龄的正向效应更加明显，出生队列越晚的成年女儿获得的器械支持量越多；而各队列的成年儿子得到的器械支持量水平均高于相应队列的成年女儿，在不考虑队列效应时，整体的增龄效应为负向，在控制了队列效应后，增龄的正向效应非常明显，出生队列越晚的成年儿子获得的父母器械支持量增多的效应越明显。

（二）讨论

从上述模型结果可以看出，当代中国农村的老年父母承担着对子女、孙子女沉重的照料负担。随着年龄的增长，老年人的身体状况渐渐虚弱，但只有儿子为他们付出的器械支持有略微增长，但儿子和女儿得到的器械支持都在上升，尤其以儿子最为显著。在器械支持方面，社会变迁的大趋势也对老年父母不利，表现在队列越晚的儿子为老年父母付出的器械支持越少，而队列越晚的儿子和女儿得到的老年父母提供的器械支持却越多。

老年父母丧偶以后，成年子女加强了和老年父母的器械交换，子女，尤其是儿子给老年父母提供了更多的器械支持，儿子也得到了父母提供的更多的器械支持。由于农村人没有基本的生活保障，所以往往在年事已高时还要参加生产劳动，所以老年父母的停止工作往往暗含着他们的身体健康状况开始恶化，此时，他们给成年儿子的器械支持也出现了下降。

女儿结婚事件本身不是影响为父母提供器械支持的负面因素，但女儿在自己的下一代在0~3岁时，即最需要她们照料的阶段会显著减少对老年父母的照料。这是因为在中国传统的"男娶女嫁"的婚姻形式下，女儿结婚以后成为丈夫家庭中的成员，由于女性传统的家庭照料者角色（胡幼慧，1995；张友琴，2001），她们往往主要承担着照顾下一代的重任，在其子女年幼阶段时，她们在面临着作为母亲角色和作为女儿角色的冲突时，不得不以前者为重。0~16岁未成年孙子女的存在会对子女得到父母的器械支持量起到正向的作用。从结果中我们看到，无论是女儿还是儿子，在最小孙子女0~3岁和4~16岁这两个阶段中，子女得到老年父母器械支持的水平都是最好的。所不同的是，女儿表现为在婚后无子女阶段和孙子女均成年的阶段，得到的父母器械支持水平低于未婚阶段；而儿子表现为"结婚无子女"以及"孙子女成年"不会使他们得到的父母器械支持水平低于未婚阶段，他们在"最小孙子女未成年"阶段得到了比婚前更多的父母器械支持。

有兄弟姐妹的女儿比独生女儿给老年父母提供的器械支持更多，而有无兄弟姐妹对于儿子给老年父母提供的器械支持的多少并没有显著影响。这是因为，在中国农村，基于传统孝道观念的深远影响，在为家中老年父母提供生活所需方面，儿子比女儿具有更大的责任和义务（Liu 和 Kendig，2000），为老年父母提供照料的责任主要是在儿子们之间分担，女儿只承担次要的责任。相比起独生女儿和独生儿子，有兄弟姐妹的女儿和儿子得到的器械支持较少，这是因为老年父母所能提供的照料毕竟是有限的，兄弟姐妹间存在着对这种资源的竞争关系。对老年父母的照料责任主要是在成年儿子之间分担，但与此相应，老年父母提供的照料资源也主要由成年儿子分享。有兄弟姐妹的子女所得到的器械支持少于独子和独女，但与儿子相比，女儿的减少幅度更大，说明儿子在兄弟姐妹间在给老年父母提供照料资源的竞争中居于优势地位。

三　成年子女情感支持年龄模式

（一）回归结果

表 6 - 4 是以成年子女付出和得到的情感支持量为因变量，分成年女儿和成年儿子样本的多层线性增长模型回归结果。

处于较晚队列的成年儿子与老年父母间的情感支持水平较高。老年父母丧偶后，成年女儿与他们的情感支持水平随之降低。老年父母停止工作之后，儿子与他们的情感支持水平有所提高。生育了下一代孙子女之后，女儿和老年父母之间的情感支持水平较结婚或无子女之前有明显的降低，而儿子受到的影响不明显。在兄弟姐妹生命阶段的影响方面，成年女儿与父母之间的情感交流状况不受有无兄弟姐妹以及兄弟姐妹有无下一代的影响，只是在兄弟姐妹方的孙子女均成年了之后，她们和老年父母的情感支持水平有所上升。对于儿子来说，独生儿子比有兄弟姐妹的儿子对老年父母的情感支持水平要高，但和女儿的情况类似的一点是，当其他兄弟姐妹的孙子女均成年了之后，儿子和老年父母间的情感交流会升温。

无论是儿子还是女儿，他们与老年母亲的感情更为亲近。老年父母的身体功能障碍数的增加会使子女和老年父母间的情感交流水平降低。与未上过学的老年父母相比，上过学的老年父母和子女间的情感支持水平更高。子女的教育程度同样遵循这个规律，儿子和女儿与父母间的情感支持水平随他们受教育水平的提高而提高。

表 6 – 4　成年子女和老年父母间情感支持的线性增长模型的系数估计值

	成年女儿(N = 2823)	成年儿子(N = 3233)
固定效应	模型 5 – 1	模型 5 – 2
截距	7.932 ***	7.985 ***
年龄	– 0.008	– 0.011
队列	0.056	– 0.104 +
年龄 × 队列	– 0.001	0.001
老年父母的生命阶段		
丧偶	– 0.144 *	– 0.054
停止工作	0.056	0.201 **
子女的生命阶段	（基准类型:未婚）	
结婚无子女	– 0.418	0.037
最小孙子女 0 ~ 3 岁	– 0.513 *	– 0.091
最小孙子女 4 ~ 16 岁	– 0.426 *	– 0.182 +
孙子女均大于 16 岁	– 0.470 *	– 0.093
兄弟姐妹的生命阶段	（基准类型:无兄弟姐妹）	
均无孙子女	0.196	– 0.640 **
最小孙子女 0 ~ 3 岁	0.146	– 0.724 **
最小孙子女 4 ~ 16 岁	0.239	– 0.483 *
孙子女均大于 16 岁	0.309 +	– 0.305
控制变量		
老年父母的年龄	0.071	– 0.020
老年父母的性别	0.129 *	0.210 **
老年父母的健康 ADL	– 0.029 ***	– 0.015 *
老年父母上过学	– 0.124 +	– 0.192 *
子女的教育	（基准类型:从未上过学）	
小学	0.108 *	0.052
初中及以上	0.238 ***	0.249 **
兄弟姐妹数	0.001	0.031
随机效应		
层 2:截距 R0	0.047	0.048
斜率 R1	0.0002 +	0.001 *
层 1:个体内 E	1.482	1.828
层 3:U00	0.486 ***	0.546 ***
Deviance	16279.88	19074.42

注: ***, $P < 0.001$; **, $P < 0.01$; *, $P < 0.05$; +, $P < 0.1$。

从图6-6中可以看出，各队列的发展轨迹在儿子和女儿之间形态差异非常大。女儿和老年父母之间的情感支持水平始终维持在一个较高的水平上，且基本没有明显的年龄趋势和队列间差异。对于儿子，在不考虑队列效应时，整体的增龄效应为负向，在控制了队列效应后，增龄的负向效应变得较为平缓；越晚出生队列的儿子，他们和老年父母之间的情感支持水平越高。

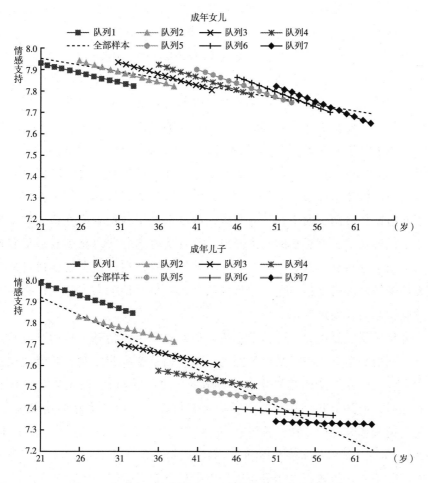

**图6-6　成年子女与老年父母间情感支持随子女增龄的
发展轨迹及队列间差异**

（二）讨论

从上述结果看出，出生队列较晚的儿子与老年父母之间的情感交流水

平比较高，这与大多数学者所认为的社会的现代化进程和社会变迁对代际
关系带来负面影响的结论相违背。可能的解释是，第一，在经济发展水平
比较落后的农村地区，儿子为老年父母提供的经济供养水平的提高对于老
人非常重要。从前面对代际经济交换的分析可以看出，社会变迁的历史效
应使得老年父母在经济方面的福利得到了明显的改善，越晚出生队列的子
女给予老年父母经济支持的力度越大，对于没有稳定经济收入的农村留守
老人而言，子女的这种支持对他们非常重要，有利于他们和子女间的情感
交流。第二，较晚出生队列的儿子外出务工的比例较高，之前的研究表
明，外出务工的子女对老人的情感支持最多，对城市农民工的调查发现，
与初次流动前相比，绝大多数的外出农民工更加愿意听父母向自己诉说心
事。子女外出有助于进一步明确子女间赡养老年父母的责任分工，降低了
子女与父母之间及子女兄弟姐妹间产生矛盾的可能性。另外由于子女外出
务工会为老人带来荣耀感，从而使代际关系更加融洽（左冬梅、李树茁，
2011）。第三，虽然一方面，子女外出打工的增多使老年父母对留守农村
孙子女的照料负担加重，但另一方面，由于这种照料往往被视为留守老人
对子女的额外帮助，而不是分内之责，所以提高了他们的家庭地位和重要
性，不但换来了子女更多的经济回报，而且使得老年父母感到自己更有价
值（宋璐、李树茁，2011）。由于未成年子女的存在，子女往往通过电话
联系和探望等方式加强与老年父母的联系，这也对他们与老年父母之间的
情感支持起到了促进作用。

老年父母负面生命事件的发生使得他们趋向于将情感支持的重心转向
儿子。配偶是老年人在子女以外的另一重要的社会支持来源，丧偶往往意
味着老年人代际支持的需求增加（Hermalin 等，1996）；而老年父母停止
工作之后，经济上和生活照料上更加具有依赖性。西方家庭的研究证明，
情感支持意味着潜在的、满足未来需求的实际支持资源（Krause 等，
1990；Thompson 和 Krause，1998），但是我们不能肯定这种融洽是不是由
于对同住子女的依赖，老年母亲为避免家庭矛盾而高估了感情交流。

当其他兄弟姐妹方的孙子女都成年之后，子女和老年父母的感情交
流会比之前更为融洽，尤其是女儿。可能的解释是，当兄弟姐妹方的孙
子女都成年之后，老年父母作为祖父母参与照料其他兄弟姐妹方的孙子
女的负担得到了缓解，此时老年父母在时间安排和居住安排方面有了更

大的独立选择的余地。因此，更有可能加强与该名子女的交流和沟通。此外，兄弟姐妹方的孙子女均成年之后，之前由照料孙子女所带来的子女和老年父母之间以及兄弟姐妹间的冲突和摩擦减少，兄弟姐妹之间对于老年父母照料资源的竞争也得到了很大程度上的缓解，这些都有利于代际情感交流的加强。

相对于儿子，女儿在为老年父母提供情感支持方面更具有优势。对家庭关系的研究显示，老年父母感觉女儿更贴心、更周到，而儿子则对父母的需要不那么敏感（Wang，1999）。女儿更容易与父母进行情感交流和沟通，是父母的"贴心小棉袄"；且在父系家族体系下，女儿一般外嫁出本村，与老年父母的利益冲突和摩擦矛盾较少。因此，她们与老年父母更亲近、感情更好。但值得注意的是，女儿有了下一代子女之后往往选择将关注的重点放到自己的小家庭和下一代的照料上，这对她们与父母之间的情感交流造成负面影响。

老年女性在获得子女提供的代际情感支持方面具有先天优势，这是因为女性在维系整个家庭中具有重要作用，她们是未成年子女的主要照料者，与子女的感情比她们与配偶更为紧密和融洽；女性是传统的家庭照料者（胡幼慧，1995；张友琴，2001），女性与他人的关系存在终身照料的这种特征使老年女性比老年男性拥有更多的情感的提供者（Barke等，1998）。

第四节　小结

本章通过运用历时近十年的纵贯数据所构建的曲线增长模型，从成年子女的角度验证了第三章所构建的当代农村老年人家庭代际支持年龄模式的研究框架。结果表明，成年子女和老年父母之间的代际交换是一个贯穿了子女整个生命历程的动态发展的过程，代际交换水平既随着成年子女的增龄而变化，也通过出生队列效应体现出社会变迁的历史发展效应，同时，随着老年父母、子女自身和兄弟姐妹的生命阶段的不断演进和更迭，个体子女层面上各项代际交换的水平也随之处于不断的消长过程中。

从分析结果来看，和第五章从父母层面分析的结论类似，再次印证了当代中国农村的老年父母在代际交换当中经济福利提高，而生活照料方面的福利得不到保障的现实状况。这一点既表现在子女的增龄效应上，也表现在宏观的历史效应方面。随着子女年龄的增长，他们给予老年父母的经济支持量在增多，而得到的老年父母的经济支持量在下降。但是由于子女的增龄和老年父母的增龄是一个同步发展的过程，所以子女的增龄也意味着老年父母的日益衰老和健康照料方面需求的增多，但只有儿子为父母提供的器械支持随增龄有略微增长，而子女尤其是儿子得到的器械支持都在随增龄而上升。在历史效应方面，随着子女外出打工的日益增多，越晚出生队列的子女为老年父母提供的经济支持越多，同时接受老年父母的经济支持量越少。但是代际地理距离的拉大使得为老年父母提供照料帮助的成本加大，农村留守孙子女和隔代家庭的增多使得老年父母不得不越来越多地为子女外出提供器械支持，子女照料老年父母的减少和从老年父母处得到更多的家务照料和孙子女照料成为一种社会变迁下的历史趋势。父母与子女之间的"契约"随着时间的推移不断得到强化，老年父母为子女提供更多的劳务帮助以增强后者提供保障的能力和意愿，代际共同进行的活动不断增加，感情也更加融洽。特别是手机等方便快捷的通信工具的发展，也使距离的拉大给情感交流带来的成本越来越低，尤其是老年父母与儿子之间频繁的帮助交换也促进了他们之间的情感交流。

老年父母负面生命事件的发生促进了代际资源交换的水平，但不同类型的负面生命事件所起到的作用不尽相同。从实证结果来看，老年父母的丧偶似乎更有助于明确儿子养老的责任，而停止工作似乎暗含着更多的独立经济能力的下降和健康状况的衰弱，带来子女经济供养水平的提高和为儿子提供照料水平的下降。由于代际情感支持伴随着经济支持和生活照料，而情感支持的增加也会促进代际实际交流，经济支持、生活照料等实际性支持与情感支持的增长是相互促进的动态过程。因此，丧偶和停止工作这样负面生命事件的发生使得老年父母将情感交流的重心偏向儿子。

结婚和孙子女未成年这两个生命事件的发生给女儿和老年父母之间的代际交换带来负面的影响，却往往成为促进儿子和老年父母代际交换水平的正面因素。在父系家庭体系下，儿子和女儿在家庭中的地位和功能不同导致儿子和女儿与父母之间契约的持续期有明显差异。儿子作为家庭的长期成员，与父母的契约会持续终生。当儿子结婚成家之后，就会提高对老年父母的经济支持，以回报父母在他们教育和结婚上的投资。当儿子生育了下一代之后，更会得到老年父母提供的孙子女照料以及通过老年父母给孙子女零花钱、买食品、过年压岁钱等而得到经济上的帮助。而女儿作为父母家庭的短期成员，被认为是"外姓人"，与父母的代际交换是一种短期安排。出嫁后的女儿则是"嫁出去的姑娘泼出去的水"，婚后她们很少能得到老年父母器械支持上的帮助，在有了下一代之后，她们得到父母提供的照料孩子等帮助，她们会为之提供对等的经济回报。儿子为老年父母提供的照料和情感支持不会与自己下一代的需求发生冲突和竞争，而当女儿的下一代需要照料时，会直接影响到她们对自己父母的照料和与父母的情感交流。"养儿防老"的文化含义和经济含义决定了儿子对老年父母的重要性。子女在与父母间经济支持和生活照料方面存在差异，这种儿子和女儿间的性别差异源于父系家族体系内儿子作为父母养老主要承担者的文化传统。

兄弟姐妹生命阶段的影响结果表明，儿子在实际性的代际支持（包括经济支持和日常照料）中发挥着重要作用（Lee 等，1994；Yang，1996a；张文娟、李树苗，2004），对老年父母的照料责任主要是在成年儿子之间分担，但与此对应，老年父母提供的照料资源也主要由成年儿子分享，或者说成年儿子之间在获得老年父母提供的照料方面存在着竞争关系。因此，当某个儿子的兄弟姐妹生育了子女之后，他们会加大给老年父母的经济支持力度，以便从老年父母处得到更多的照料帮助。

基于文化传统和性别角色的期望，家庭代际支持往往根据子女的性别在内容上有所分工。已有的研究表明，女儿更多的是为父母提供感情沟通和日常生活照料等辅助性的老年支持（Freedman 等，1978；Lee 等，1994；Litwark 和 Kulis，1987；Sun，2002a；Yang，1996a；张文娟、李树苗，2004）。本章的结果表明，虽然这种传统的子女分工格局依然在很大程度上得到了保留，但性别分工差异在缩小。这表现在女儿对老年父母经济方面的贡献已经越来越重要，在父系家族制度中，妇女极少参与社会活动，主要从事家庭照料工作，对家庭经济收入的贡献也不大（Gaetano，2004）。外出务工给农村妇女带来经济上的独立、更多的社会参与，对改变她们传统的角色定位产生了极大影响。对不同国家的已婚迁移者的研究发现，妇女的社会地位和在家庭中的决策权随着她们参加有报酬的工作以及其他社会活动的增多而得以改善（Willis 和 Yeoh，2000）。随着女性外出务工人员的增多，妇女的社会经济地位有望得到进一步提高。在生活照料方面，子女对老年父母生活照料的总趋势是降低的，但由于儿子降低的幅度更大，并且社会经济地位的提高使老年父母对女儿的照料帮助会更加频繁，女儿提供生活照料的净值减少，传统生活照料的性别分工差异缩小。在情感支持方面，虽然女儿在情感支持方面有着显著优势，但随着较晚出生队列的儿子与父母之间的情感融洽程度的提高，代际情感支持的性别差异有可能变小。

第七章 结论

第一节 主要工作

本书以生命历程的研究范式作为指导，着眼于当代农村老年人所生活的社会和家庭系统，从宏系统（社会变迁）、中间系统（家庭）和微系统（个体）中寻找代际交换行为发展的动力机制。本书利用历时 9 年的四期纵贯数据构建了曲线增长的年龄模型，实现了将三个层面的作用加以分解的研究目的，并且描绘出了当代中国农村老年人家庭代际交换的年龄发展轨迹。通过理论分析和实证研究，本书主要做了以下几方面的工作。

第一，结合中国独特的社会、历史和文化背景及家庭养老的现状，提出了农村老年人三代扩展家庭中代际支持行为发展的年龄模式。现有文献的研究大多基于子女和老年父母——配对的研究模式，且对家庭代际支持行为的动态发展进行过系统研究。本研究将分析单位扩展到了三代的扩展家庭范围内，更加符合中国农村以家庭为单位分散养老的实际。实证结果表明，在由老年父母、子女及其孙子女构成的扩展家庭中，家庭成员不一定居住在一起，但能结成密切联系的网络。伴随着时间的流逝和老年父母的逐渐衰老，代际互助和交换广泛存在。儿子和女儿各自作为整体，其特征影响着老年父母个体得到和付出的代际支持，兄弟姐妹同样作为整体，其特征影响着成年子女个体得到和付出的代际支持，第三代孙子女的出生及其年龄阶段通过影响子女和老年父母所处的生命阶段从而对二者的代际交换产生影响。本书从多重时间观视角来界定年龄，突破了相关研究仅局限于生命时间维度的限制，有助于建立农村老年人家庭个体代际支持行为变化与时间的联系，从而达到对家庭养老机制更加深入、完整而准确的认识。

第二，建立了农村老人三代扩展家庭代际支持年龄模式分析框架。目前国内外养老支持年龄差异的研究缺乏理论基础和系统的分析框架，本书综合利用代际支持和生命历程理论并结合中国农村家庭的实际情况，通过运用生命历程视角下的多重时间观视角来界定年龄，使用年龄变量这个个人生命时间来透视社会历史时间和家庭时间，用更具有普遍意义与可准确比较和测量的年龄来代替先前研究中所普遍使用的际遇血缘关系的"世代"关系，更好地符合了当代中国农村老年人家庭的成员间关系及其代际交换方面的互动，以及社会制度与历史变迁的空间和时间特征。在形成代际支持年龄模式的基础上，通过对代际支持所存在的空间特征分析，以及对农村老年人家庭代际支持主体成员相互作用的分析，从多个时间维度上分析了个体层面代际支持的动态发展机制，构建分析框架。该分析框架有助于把握代际支持的水平与个体、家庭生命历程、社会变动之间的互动关系而达到深入研究的目的，超越了相关研究中宏观分析与微观分析的长期隔离状态。同时，论文通过使用多层线性模型，将队列的历史效应、年龄效应和家庭生命周期效应加以分解，克服了以往的研究将这三种与时间相关的效应相互混淆的弊病。研究发现，代际交换行为从其本质上来说，既是随个体发展的、历史的，又是一种家庭策略，其水平的高低取决于个人时间、家庭时间、历史时间的同步。当代中国农村的老年父母在代际交换当中存在着经济福利提高而生活照料方面的福利得不到保障的现实状况。这一点既表现在老人和子女的增龄效应上，也表现在宏观的历史效应方面。因此，有必要把老年人和子女群体看作同一历史时间一起运动的各不相同的出生队列，而不是看作一个同质的整体。

第三，研究发现了老年父亲和老年母亲的代际支持年龄模式。实证研究结果证明，老年父母个体层面上代际交换随时间下降的现象确实存在，但不只是社会变迁作用的结果，也与老年人的生理衰老和家庭成员所处的生命历程阶段相关。而时代变迁给老年母亲带来了更多来自子女的经济支持。随着农村子女外迁的增多，老年父亲也开始更多地承担起为子女提供器械支持的家庭责任。老年母亲与子女在代际交换方面的联系比老年父亲更加密切，儿子与老年父母在代际交换方面的生命联系比女儿更加密切。不同类型的负面生命事件对老年父母代际支持的影响不尽相同，丧偶和停止工作这种负面生命事件的发生使得老年父母将情感交流的重心偏向儿子。

第四，研究发现了儿子和女儿的代际支持年龄模式。研究结果表明，成年子女层面上的代际交换水平既随着成年子女的增龄而变化，也通过出生队列效应体现出社会变迁的历史发展效应，同时，随着老年父母、子女自身和兄弟姐妹的生命阶段的不断演进和更迭，个体子女层面上各项代际交换的水平也随之处于不断的消长过程中。研究也证实了儿子与老年父母在代际交换方面的生命联系比女儿更加密切。结婚和孙子女未成年给女儿和老年父母的代际交换带来负面的影响，却往往促进儿子和老年父母的代际交换。儿子为老年父母提供的照料和情感支持不会与自己下一代的需求发生冲突和竞争，而女儿却会受到影响。虽然传统的子女分工格局依然在很大程度上得到了保留，但性别分工差异的趋势在缩小。

第二节　主要结论

代际交换行为从其本质上来说既是随个体发展的、历史的，又是一种家庭策略，其水平的高低取决于个人时间、家庭时间、历史时间的同步。本书分别从老年父母代际支持年龄模式和子女代际支持年龄模式角度进行分析，主要得到了以下的结论。

第一，在由老年父母、子女及孙子女构成的扩展家庭中，家庭成员不一定居住在一起，但能结成密切联系的网络。在老年父母相对于子女经济状况更加处于弱势、子女是老年父母养老资源主要提供者的现实情况下，代际关系犹如合作群体，使得契约得以跨越时间实施。伴随着时间的流逝和老年父母的逐渐衰老，代际互助和交换依然广泛存在。

第二，当代中国农村的老年父母在代际交换当中存在着经济福利的提高和生活照料方面的福利得不到保障的现实状况。这一点既表现在老人和子女的增龄效应上，也表现在宏观的历史效应方面。老年人随生理年龄的增长，得到子女的经济和器械支持总体上升。总体上，老年父母为子女付出的经济支持下降，但付出的器械支持随年龄的增长而上升。

第三，个体的发展道路和行为选择往往受到宏观环境的影响和构建，代际交换行为也是如此。本书对队列效应的分析结果表明，在讨论农村老年人所面临的家庭养老支持力的风险时，有必要把老年人和子女群体看作同历史时间一起运动的各不相同的出生队列，而不是看作一个同质的整体。子女照料老年父母的减少与从老年父母处得到更多的家务和孙子女照料方面的支持成为一种社会变迁下的历史趋势。

第四，代际交换水平不仅受制于个体特定的生命阶段定位，也受制于家庭其他成员的发展需要。老年父母生命阶段中负面生命事件的发生对代际交换的影响基本符合预期，停止工作对老年父亲的影响更明显，丧偶对老年母亲的影响更加明显。不同类型的负面生命事件所起到的作用不尽相同，从实证结果来看，老年父母的丧偶似乎更有助于明确儿子养老的责任，而停止工作似乎暗含着更多的独立经济能力的下降和身体的衰弱，带来子女经济供养水平的提高和为儿子提供照料水平的下降。丧偶和停止工作这种负面生命事件的发生使得老年父母将情感交流的重心偏向儿子。

第五，中国农村老年人家庭代际交换年龄模式存在着较为明显的性别差异。老年父亲在代际交换中体现出明显的经济优势，表现为他们给予子女的经济支持水平高于母亲，而且得到和付出的经济支持都较为刚性。由于老年母亲固有的家庭照料者角色和对子女较多的依赖，老年母亲往往选择加强与子女的代际交换，属于"高流动契约"，以获得子女更多的补偿性支持。此外，本研究也证实了，儿子与老年父母在代际交换方面的生命联系比女儿更加密切。结婚和孙子女未成年这两个生命事件的发生给女儿和老年父母的代际交换带来负面的影响，却往往成为促进儿子和老年父母代际交换水平的正面因素。儿子为老年父母提供的照料和情感支持不会与自己下一代的需求发生冲突和竞争，而当女儿的下一代需要照料时，会直接影响到她们为自己父母提供的照料水平和与父母进行情感交流。分析结果也表明，虽然传统的子女分工格局依然在很大程度上得到了保留，但性别分工差异的趋势在缩小。

第六，近年来，学者们越来越关注宏观的社会转型对微观家庭养老支持力和个体行为的影响。被普遍接受的观点认为，这种社会变迁导致了老年人尤其是农村老年人可获得的养老资源减少，弱化了家庭养老的功能。而我们的研究表明，个体层面上代际交换随时间下降的现象确实存在，但不只是社会变迁的历史效应作用的结果，也与老年人的生理衰老和家庭成员所处的生命历程阶段相关。

第三节 研究展望

由于调查条件限制，获得的数据有一定的局限性，导致相关研究也不可避免地存在局限性，主要体现在：本研究的时间仅历时 9 年，但随着今后城镇化的进一步推进，农村养老保障和社区养老服务体系等的逐步建立和完善，未来的社会变迁将给老年人带来怎样的影响需要持续的关注和研究。同时本研究对未来研究的启示是使用纵贯数据的研究对于深入分析未来老年人行为的队列差异和发展趋势有借鉴意义，应重视和加强纵贯数据的收集和数据库的建立。同时，由于中国农村婚龄和生育年龄较小，许多老年人在四五十岁时就已经成为祖父母。因此，此类研究还可以扩展到更大年龄范围的中年父母扩展家庭。

参考文献

埃尔德、葛小佳：《变迁社会中的人生——生命历程及其中国的实例》，《中国社会科学季刊》1998 年第 3 期。

包蕾萍：《生命历程理论的时间观探析》，《社会学研究》2005 年第 4 期。

包蕾萍、桑标：《习俗还是发生？——生命历程理论视角下的毕生发展》，《华东师范大学学报》（教育科学版）2006 年第 1 期。

边馥琴、约翰·罗根：2001，《中美家庭代际关系比较研究》，《社会学研究》2001 年第 2 期。

蔡志海：《农民进城：处于传统与现代之间的中国农民工》，华中师范大学出版社，2008。

曾毅：《中国人口老龄化的"二高三大"特征及对策探讨》，《人口与经济》2001 年第 5 期。

曾毅：《中国人口老化、退休金缺口与农村养老保障》，《经济学》2005 年第 4 期。

曾毅、梁志武：《中国 80 年代以来各类核心家庭户的变动趋势》，《中国人口科学》1993 年第 3 期。

曾毅、柳玉芝、萧振禹、张纯元：《中国高龄老人的社会经济与健康状况》，《中国人口科学》2004 年第 S1 期。

柴定红、程启军：《解读农村家庭变迁及其对农村家庭养老的影响》，《理论月刊》2002 年第 12 期。

巢湖市委党校课题组：《巢湖市劳务输出的特点、问题和对策》，《中共合肥市委党校学报》2004 年第 3 期。

陈皆明:《投资与赡养——关于城市居民代际交换的因果分析》,《中国社会科学》1998 年第 6 期。

陈树强:《成年子女照顾老年父母日常生活的心路历程——以北京市 15 个案例为基础》,中国社会科学出版社,2003。

成梅:《以生命历程范式浅析老年群体中的不平等现象》,《人口研究》2004 年第 3 期。

段成荣、杨舸:《中国流动人口状况——基于 2005 年全国 1% 人口抽样调查数据的分析》,《南京人口管理干部学院学报》2009 年第 4 期。

杜娟、杜夏:《乡城迁移对移出地家庭养老的探讨》,《人口研究》2002 年第 2 期。

杜鹏:《中国城乡家庭生命周期的初步分析》,《中国人口科学》1990 年第 4 期。

杜鹏:《聚焦"386199"现象,关注农村留守家庭人口流动对农村留守老人的影响》,《人口研究》2004 年第 4 期。

杜鹏:《人口老龄化与老龄问题》,中国人口出版社,2006。

杜鹏、丁志宏、李全棉、桂江丰:《农村子女外出务工对留守老人的影响》,《人口研究》2004 年第 6 期。

杜鹏、李强:《1994～2004 年中国老年人的生活自理预期寿命及其变化》,《人口研究》2006 年第 5 期。

杜鹏、王武林:《论人口老龄化程度城乡差异的转变》,《人口研究》2010 年第 2 期。

杜鹏、武超:《中国老年人的生活自理能力状况与变化》,《人口研究》2006 年第 1 期。

杜鹏、翟振武、陈卫:《中国人口老龄化百年发展趋势》,《人口研究》2005 年第 6 期。

杜鹏、武超:《中国老年人的主要经济来源分析》,《人口研究》1998 年第 4 期。

杜亚军:《代际交换——对老龄化经济学基础理论的研究》,《中国人口科学》1990 年第 3 期。

樊欢欢:《家庭策略研究的方法论——中国城乡家庭的一个分析框架》,

《社会学研究》2000 年第 5 期。

费孝通：《家庭结构变动中的老年赡养问题》，《北京大学学报》（社科版）1983 年第 3 期。

费孝通：《乡土中国　生育制度》，北京大学出版社，1998。

顾大男、曾毅：《中国高龄老人健康预期寿命研究》，《人口与经济》2002 年第 2 期。

郭平：《老年人居住安排》，中国社会出版社，2009。

郭于华、常爱书：《生命周期与社会保障——一项对下岗失业工人生命历程的社会学探索》，《中国社会科学》2005 年第 5 期。

郭志刚：《中国老年妇女户居类型选择的影响因素》，《人口研究》1996 年第 5 期。

国家统计局农村社会经济调查总队：《2003 年农村劳动力外出务工劳动力 1.1 亿人》，《调研世界》2004 年第 4 期。

国务院政策研究室课题组：《中国农民工调研报告》，中国言实出版社，2006。

胡亮：《由传统到现代——中国家庭结构变迁特点及原因分析》，《西北人口》2004 年第 1 期。

胡薇：《累积的异质性——生命历程视角下的老年人分化》，《社会》2009 年第 2 期。

胡英：《中国分城镇乡村人口平均预期寿命探析》，《人口与发展》2010 年第 2 期。

胡幼慧：《谈老年妇女长期照顾之问题》，《研考双月刊》1995 年第 19 期。

李强、邓建伟、晓筝：《社会变迁与个人发展：生命历程研究的范式与方法》，《社会学研究》1996 年第 6 期。

李树茁、费尔德曼、靳小怡：《儿子与女儿：中国农村的婚姻形式和老年支持》，《人口研究》2003 年第 1 期。

梁鸿：《农村老年人自给自理能力研究》，《人口与经济》1999 年第 4 期。

梁鸿、赵德余：《人口老龄化与中国农村养老保障制度》，上海人民出版社，2008。

梁汶洁:《西方社会性别研究与进程评介》,《广西民族大学学报》(哲学社会科学版)2007 年第 S2 期。

廖小平:《中国传统家庭代际伦理的现代转型和重构》,《东南学术》2005 年第 6 期。

刘爱玉、杨善华:《社会变迁过程中的老年人家庭支持研究》,《北京大学学报》(哲学社会科学版)2000 年第 3 期。

刘德寰:《年龄论——社会空间中的社会时间》,中华工商联合出版社,2007。

刘中一:《性别偏好的生成——一个生命历程理论视角的考察》,《山西师大学报》(社会科学版)2005 年第 6 期。

陆学艺:《中国社会阶级阶层结构变迁 60 年》,《北京工业大学学报》(社会科学版)2010 年第 3 期。

潘鸿雁、孟献平:《家庭策略与农村非常规核心家庭夫妻权力关系的变化》,《新疆社会科学》2006 年第 6 期。

庞江倩:《北京市老年人生活现状主要需求调查报告》,《市场与人口分析》2000 年第 5 期。

彭希哲、梁鸿:《家庭规模缩小对家庭经济保障能力的影响:苏南实例》,《人口与经济》2002 年第 1 期。

乔晓春:《未来农村养老问题的估计与判断》,《市场与人口分析》2000 第 5 期。

宋健:《中国农村人口的收入与养老》,中国人民大学出版社,2006。

宋璐、李树茁:《劳动力迁移对中国农村家庭养老分工的影响》,《西安交通大学学报》(社会科学版)2008 年第 3 期。

宋璐、李树茁:《劳动力外流下农村家庭代际支持性别分工研究》,《人口学刊》2008 年第 3 期。

宋璐、李树茁:《照料留守孙子女对农村老年人养老支持的影响研究》,《人口学刊》2010 年第 2 期。

宋璐、李树茁:《当代农村家庭养老性别分工》,社会科学文献出版社,2011。

汤哲、项曼君:《北京市老年人生活自理能力评价与相关因素分析》,《中国人口科学》2001 年增刊。

王德福：《角色预期、人生任务与生命周期：理解农村婆媳关系的框架》，《中华女子学院学报》2011 年第 1 期。

王萍、李树茁：《农村家庭养老的变迁和老年人的健康》，社会科学文献出版社，2011。

王树新：《社会变革与代际关系研究》，首都经济贸易大学出版社，2004。

王树新，曾宪新：《中国高龄老人自理能力的性别差异》，《中国人口科学》2001 年增刊。

王跃生：《当代中国家庭结构变动分析》，《中国社会科学》2006 年第 1 期。

王跃生：《社会变革与婚姻家庭变动：20 世纪 30～90 年代的冀南农村》，生活·读书·新知三联书店，2006。

王跃生：《中国农村家庭的核心化分析》，《中国人口科学》2007 年第 5 期。

王跃生：《农村老年人口生存方式分析——一个"宏观"与"微观"相结合的视角》，《中国人口科学》2009 年第 1 期。

王跃生：《制度变革、社会转型与中国家庭变动——以农村经验为基础的分析》，《开放时代》2009 年 b 第 3 期。

王跃生：《农村家庭代际关系理论和经验分析——以北方农村为基础》，《社会科学研究》2010 年第 4 期。

王跃生：《农村家庭结构变动及类型识别问题——以冀东村庄为分析基础》，《人口研究》2010 年第 2 期。

王跃生：《中国家庭代际关系内容及其时期差异——历史与现实相结合的考察》，《中国社会科学院研究生院学报》2011 年第 3 期。

伍海霞：《河北农村老年人家庭生命周期及影响因素分析》，《人口与经济》2010 年第 4 期。

笑冬：《最后一代传统婆婆》，《社会学研究》2002 年第 3 期。

谢宝耿：《中国孝道精华》，上海社会科学院出版社，2000。

熊跃根：《需要理论及其在老人照顾领域中的应用》，《人口学刊》1998 年第 5 期。

徐安琪、叶文振：《家庭生命周期和夫妻冲突的经验研究》，《中国人口科学》2002 年第 3 期。

徐静、徐永德：《生命历程理论视域下的老年贫困》，《社会学研究》2009 年第 6 期。

徐莉、约翰逊：《中国农村老年人的社会保障》，《中国人口科学》1999 年第 5 期。

鄢盛明等：《居住安排对子女赡养行为的影响》，《中国社会科学》2001 年第 1 期。

阎云翔：《私人生活的变革：一个中国村庄里的爱情、家庭与亲密关系：1949～1999》，上海书店出版社，2009。

杨国枢：《中国人孝道的概念分析》，桂冠图书公司。

杨晋涛：《西方人类学关于衰老和老年问题研究述评》，《厦门大学学报》（哲学社会科学版）2003 年第 5 期。

杨善华、贺常梅：《责任伦理与城市居民的家庭养老》，《北京大学学报》（哲学社会科学版）2004 年第 1 期。

杨善华、吴愈晓：《中国农村的社区情理与家庭养老》，《中国社会工作研究：第一辑》，社会科学文献出版社，2002。

姚远：《中国家庭养老研究》，中国人口出版社，2001。

张文娟：《劳动力外流背景下的中国农村老年人家庭代际支持研究》，中国人口出版社，2008。

张文娟、李树茁：《劳动力外流背景下的农村老年人居住安排影响因素研究》，《中国人口科学》2004 年第 1 期。

张文娟、李树茁：《劳动力外流对农村家庭养老的影响分析》，《中国软科学》2004 年第 8 期。

张文娟、李树茁：《农村老年人家庭代际支持研究——运用指数混合模型验证合作群体理论》，《统计研究》2004 年第 5 期。

张文娟、李树茁：《农村老年人生活自理能力的性别差异研究》，《人口与经济》2003 年第 4 期。

张文娟、李树茁：《农村老年人家庭代际支持研究——运用对数混合模型验证合作群体理论》，《统计研究》2004 年第 5 期。

张新梅：《家庭养老研究的理论背景和假设推导》，《人口学刊》1999 年第 1 期。

张烨霞、李树茁、靳小怡：《农村三代家庭中子女外出务工对老年人经济支持的影响研究》，《当代经济科学》2008 年第 1 期。

张友琴：《老年人社会支持网的城乡比较研究》，《社会学研究》2001 第 4 期。

左冬梅、李树茁：《基于社会性别的劳动力迁移与农村留守老人的生活福利——基于劳动力流入地和流出地的调查》，《公共管理学报》2011 年第 2 期。

左冬梅、李树茁、宋璐：《中国农村老年人养老院居住意愿的影响因素研究》，《人口学刊》2011 年第 1 期。

Mancini J., Blieszner R., 1989, "Aging Parents and Adult Children: Research Themes in Intergenerational Relations", *Journal of Marriage and the Family*, 51 (2): 275 −290.

Aboderin I., 2004, "Modernisation and Ageing Theory Revisited: Current Explanations of Recent Developing World and Historical Western Shifts in Material Family Support for Older People", *Ageing and Society*, 24: 29 −50.

Agree E. M, Biddlecom A. E., Chang M. C. & Perez A. E, 2002, "Transfers from Older Parents to Their Children in Taiwan and the Philippines", *Journal of Cross Cultural Gerontology*, 17: 269 −294.

Ajrouch K. J., 2007, "Health Disparities and Arab-American Elders: Does Intergenerational Support Buffer the Inequality – Health Link?", *Journal of Social Issues*, 63 (4): 745 −758.

Aldous J., 1990, "Family Development and the Life Course: Two Perspectives on Family Change", *Journal of Marriage and the Family*, 52 (3): 571 −583.

Ancona D. G., Goodman P. S., Lawrence B. S., & Tushman M. L., 2001, "Time: A New Research Lens", *The Academy of Management Review*, 26 (4): 645 −663.

Antonucci T. C., "Social Relations: An Examination of Social Networks, Social Support, and Sense of Control" in J. E. Birren and K. W. Schaie, eds., Handbook of the Psychology of Aging (5th ed.) (San Diego: Academic Press, 2001), pp. 427 −453.

Antonucci T. C. , and Akiyama H. , 1987, "Social Networks in Adult Life and A Preliminary Examination of the Convoy Model", *Journal of Gerontology*, 42 (5): 519 −527.

Antonucci T. C. , Jackson J. S. , and Biggs S. , 2007, "Intergenerational Relations: Theory, Research, and Policy", *Journal of Social Issues*, 63 (4): 679 − 693.

Bahr S. J. , and Peterson E. T. , 1984, "*Aging and the Family*", Lexington, Mass: Lexington Books .

Barker J. C. , Morrow J. , and Mitteness L. S. , 1998, "Gender, Informal Social Support Networks and Elderly Urban African Americans", *Journal of Aging Studies*, 12 (2): 199 −222.

Becker G. S. , 1974, "A Theory of Social Interactions", *Journal of Political Economy*, 82: 1063 −1093.

Becker G. S. , and Tomes N. , 1979, "An Equilibrium Theory of the Distribution of Income and Intergenerational Mobility", *Journal of Political Economy*, 87 (6): 1153 −1189.

Becker L. C. , 1986, *Reciprocity*. New York: Routledge and Kegan Paul.

Beckett M. , Goldmanb N. , Weinsteinc M. , Lind I-F. , and Chuang Y. - L. , 2002, "Social Environment, Life Challenge, and Health Among the Elderly in Taiwan", *Social Science & Medicine*, 55 (2): 191 −209.

Beiegel D. E. , and Schulz R. , 1999, "Caregiving and Caregiver Interventions in Aging and Mental Illness", *Family Relations*, 48 (4): 345 − 355.

Bengtson V. L. , Burgess E. O. , and Parrott T. M. , 1997, "Theory, Explanation, and a Third Generation of Theoretical Development in Social Gerontology", *The Journals of Gerontology Series B: Psychological Sciences and Social Sciences*, 52B (2): S72 −S88.

Bengtson V. L. , and Dowd J. J. , 1980, "Sociological Functionalism, Exchange Theory and Life-Cycle Analysis: A Call for More Explicit Theoretical Bridges", *The International Journal of Aging and Human Development*, 12 (1): 55 −73.

Bernheim B. D. , Schleifer A. , and Summers L. H. , 1985, "The

Strategic Bequest Motive", *Journal of Political Economy*, 93: 1045 −1076.

Biddlecom A. , Chayovan N. , and Ofstedal, M. B. , "Intergenerational Support and Transfers. In A. I. Hermalin, eds, *The Well-being of the Elderly in Asia: a Four-country Comparative Study* (Ann Arbor, MI: University of Michigan Press, 2002), pp. 185 −229.

Biggs S. , 2007, "Thinking about Generations: Conceptual Positions and Policy Implications", *Journal of Social Issues*, 63 (4): 695 −711.

Blieszner R. , and Hamon R R. , 1992, "Filial Responsibility: Attitudes, Motivators, and Behaviors. In J. W. Dwyer and R. T. Coward, eds. , *Gender, Families, and Elder Care* (Newbury Park, CA: Sage, 1992), pp. 105 −119.

Brody E. , 1985, "Parent Care as a Normative Family Stress", *The Gerontologist*, 25: 19 −29.

Butz W. P. , and Torrey B. B. , 2006, "Some Frontiers in Social Science", *Science*, 312 (30): 1898 −1900.

Cabrera N. , Fitzgerald H. E. , Bradley R. H. , and Roggman L. , 2007, "Modeling the Dynamics of Paternal Influences on Children Over the Life Course", *Applied Developmental Science*, 11 (4): 185 −189.

Caspi A. , and Roberts B. W. , 2001, "Personality Development across the Life Course: The Argument for Change and Continuity", *Psychological Inquiry*, 12 (2): 49 −66.

Chattopadhyay A. , and Marsh R. , 1999, " Changes in Living Arrangement and Familial Support for the Elderly in Taiwan: 1963 − 1991 ", *Journal of Comparative Family Studies*, 30 (3): 523 −537.

Checkovich T. J. , and Stern S. , 2002, " Shared Caregiving Responsibilities of Adult Siblings with Elderly Parents", *The Journal of Human Resources*, 37 (3): 441 −478.

Chen F. , Short S. E. , and Entwisle B. , 2000, "The Impact of Grandparental Proximity on Maternal Childcare in China", *Population Research and Policy Review*, 19 (6): 571 −590.

Cherlin A. , and Furstenberg F. F. , 1986, "The New American

Grandparent: A place in the Family, a Life Apart", New York: Basic Books.

Cheung C. -k. , and Kwan A. Y. -h. , 2009, "The Erosion of Filial Piety by Modernisation in Chinese Cities", *Ageing and Society*, 29 (2): 179 −198

Chiu W. C. K. , Chan A. W. , Snape E. , and Redman T. , 2001, "Age Stereotypes and Discriminatory Attitudes Towards Older Workers: an East-West Comparison", *Human Relations*, 54 (5): 629 −661.

Clausen J. , "The Life Course of Individuals" in M. W. Riley, M. Johnson and A. Foner, eds. , *Aging and Society* Ⅲ (New York: Sage, 1972), pp. 457 −515.

Cogwill D. , "Aging and Modernization: A Revision of Theory. In J. Gubrium, eds. , *Laterlife: Community and Environmental Policies.* (New York: Free Press, 1974), pp. 123 −146.

Coleman J. S. , 1993, "The Rational Reconstruction of Society: 1992 Presidential Address ", *American Sociological Review*, 58: 1 −15.

Cong Z. , and Silverstein M. , 2008, "Intergenerational Time-for-Money Exchanges in Rural China: Does Reciprocity Reduce Depressive Symptoms of Older Grandparents? *Research in Human Development*, 5 (1): 6 −25.

Connidisa I. A. , and Kemp C. L. , 2008, "Negotiating Actual and Anticipated Parental Support: Multiple Sibling Voices in Three-generation Families", *Journal of Aging Studies*, 22 (3): 229 −238.

Cooney T. M. , and Uhlenberg P. , 1992a, "Support from Parents over the Life Course: The Adult Child's Perspective", *Social Forces*, 71 (1): 63 −84.

Costanzo P. R. , and Hoy M. B. , 2007, "Intergenerational Relations: Themes, Prospects, and Possibilities", *Journal of Social Issues*, 63 (4): 885 −902.

Coward R. T. , and Dwyer J. W. , 1990, "The Association of Gender, Sibling Network Composition, and Patterns of Parent Care by Adult Children", *Research on Aging*, 12: 158 −181.

Cox D. , 1987, "Motives for Private Income Transfers", *Journal of Political Economy*, 95 (3): 508 −546.

Cox D. , and Rank M. R. , 1992, "Inter-Vivos Transfers and Intergenerational Exchange", *The Review of Economics and Statistics*, 74 (2): 305 -314.

Crimmins M. E. , and Ingegneri D. G. , 1990, "Interaction and Living Arrangements of Older Parents and Their Children: Past Trends, Present Determinants, Future Implication. *Research on Aging*, 12 (1): 3 -35.

Crosnoe R. , and Glen H. Elder, J. , 2002a, "Life Course Transitions, the Generational Stake, and Grandparent-Grandchild Relationships", *Journal of Marriage and the Family*, 64 (4): 1089 -1096.

Crosnoe R. , and Glen H. Elder J. , 2002b, "Successful Adaptation in the Later Years: A Life Course Approach to Aging. *Social Psychology Quarterly*, 65 (4): 309 -328.

Dannefer D. , 2003, "Cumulative Advantage/Disadvantage and the Life Course: Cross-Fertilizing Age and Social Science Theory", *The Journals of Gerontology: Social Sciences*, 58*B* (6): S327 -S337.

Das Gupta M. , and Li S. , 1999, "Gender bias in China, South Korea and India 1920 -1990: The Effects of War, Famine, and Fertility Decline", *Development and Change*, 30 (3): 619 -652.

Dioale W. , and Seda A. , 2001, "Modernization as Changes in Cultural Complexity: New Cross-cultural Measurements", *Cross-Cultural Research*, 35 (2): 129 -153.

DiPrete T. A. , Eirich G. M. , Cook K. S. , and Massey D. S. , 2006, "Cumulative Advantage as A Mechanism for Inequality: A Review of Theoretical and Empirical Developments, *Annual Review of Sociology*.

Dowd J. J. , 1975, "Aging as Exchange: A Preface to Theory. *Journal of Gerontology*, 30 (5): 584 -594.

Duvall E. M. , and Hill. , R. , 1948, "Report of the Committee on the Dynamics of Family Interaction", Paper presented at the the National Conference on Family Life, Washington, DC.

Eggebeen D. J. , 1992, "Family Structure and Intergenerational Exchanges", *Research on Aging*, 14: 427 -447.

Eggebeen D. J. , and Hogan D. P. , 1990a, "Giving between Generations in American Families", *Human Nature*, 1: 211 −232.

Force S. , 2006, *Investigation Report on Chinese Migrant Workers*, Beijing: China Yanshi Press.

Freedman R. , Moots B. , Sun, T. , and Weinberger M. , 1978, "Household Composition and Extended Kinship in Taiwan", *Population Studies*, 32 (1): 65 −80.

Gaalen R. , Dykstra P. A. , and Flap H. , 2008, " Intergenerational Contact beyond the Dyad: the Role of the Sibling Network", *European Journal of Ageing* (5): 19 −29.

Gaetano A. M. , 2004, " Filial Daughters, Modern Women: Migrant Domestic Workers in Post-Mao Beijing" in A. M. Gaetano and T. Jacka, eds. , *On the Move: Women and Rural-to-Urban Migration in Contemporary China*, New York: Columbia University Press.

Gans D. , and Silverstein M. , 2006, "Norms of Filial Responsibility for Aging Parents Across Time and Generations", *Journal of Marriage and the Family*, 68: 961 −976.

Ghuman S. , and Ofstedal M. B. , 2004, Gender and Family Support for Older Adults in Bangladesh. PSC Research Report , http://www. psc. isr. umich. edu/pubs/ pdf.

Glen H. Elder J. , 1975, "Age Differentiation and the Life Course. *Annual Review of Sociology*, 1: 165 −190.

Glen H. Elder J. , 1998, "The Life Course as Developmental Theory", *Child Development*, 69 (1): 1 −12.

Glen H. Elder J. , 2001, "The Life Course in Time and Place", Paper presented at the the International Symposium on Institutions, Interrelations, Sequences: The Bremen Life-Course Approach. , Bremen, Germany.

Glen H. Elder J. , Johnson, M. K. , and Crosnoe R. , "The Emergence and Development of Life Course Theory" in J. T. Mortimer and M. J. Shanahan, eds. , *Handbook of the life course* (New York: Kluwer Academic/ Plenum Publishers, 2003) . pp. 3 −19 .

Glick J. E. , 1999, "Economic Support from and to Extended Kin: A Comparison of Mexican Americans and Mexican Immigrants", *International Migration Review*, 33 (3): 745 −765.

Goldman N. , Korenman S. , and Weinstein R. , 1995, "Marital status and health among the elderly", *Social Science* & Medicine, 40 (12): 1717 − 1730.

Goode W. J. , 1970, *World Revolution and Family Patterns*, New York: Free Press.

Gordon C. C. , and Charles F. Longino, J. , 2000, "Age Structure and Social Structure", *Contemporary Sociology*, 29 (5): 699 −703.

Greenhalgh S. , 1985, "Sexual stratification: The Other Side of 'Growth with Equity' in East Asia", *Population and Development Review*, 11: 265 −314.

Guiaux M. , Tilburg T. V. , and Groenou M. B. V. , 2007, "Changes in Contact and Support Exchange in Personal Networks after Widowhood", *Personal Relationships*, 14 (3): 457 − 473.

Hagestad G. O. , 1986, "The Ageing Society as a Context for Family Life", *Daedalus*, 115, 119 −140.

Hardy M. A. , and Hazelrigg L. E. , 1999, "Fueling the Politics of Age: On Economic Hardship across the Life Course: Comment on Mirowsky & Ross. *American Sociological Review*, 64 (4): 570 −576.

Harris L. , 1975, The Myth and Reality of Aging in America, *Washington, DC: National Council on Aging.*

Hennessy C. H. , and John R. , 1996, "American Indian Family Caregivers Perceptions of Burden and Needed Support Services", *Journal of Applied Gerontology*, 15 (3): 275 −294.

Henretta J. C. , Hill M. S. , Li W. , Soldo B. J. , and Wolf D. A. , 1997, "Selection of Children to Provide Care: The Effect of Earlier Parental Transfers", *Journal of Gerontology: Social Sciences*, 52B: 110 −119.

Hermalin A. I. , Ofstedal M. B. , and Chang M. , " *Types of Supports for the Aged and Their Providers in Taiwan.* " in T. K. Hareven, eds. , *Aging and Generational Relations* (*New York: Aldine De Gruyter*, 1996), pp. 179 −215.

Hermalin A. I. , Ofstedal M. B. , and Chi L. , 1992, *Kin Availability of the Elderly in Taiwan*: *Who is Available and Where are They*? Comparative Study of the Elderly in Asia Research Reports (*Population Studies Center*, *Universities of Michigan*), pp. 92 −18.

Hermalin A. I. , Ofstedal M. B. , and Lee M. L. , 1992, Characteristics of Children and Intergenerational Transfers. Comparative Study of the Elderly in Asia Research Reports, *Population Studies Center*, *Universities of Michigan*.

Hill R. , 1970, *Family Development in Three Generations*, Cambridge, Mass: Schenkman.

Hogan D. P. , Eggebeen D. J. , and Clogg C. C. , 1993, "The Structure of Intergenerational Exchanges in American Families", *The American Journal of Sociology*, 98 (6): 1428 −1458.

Hong Y. -Y. , and Liu W. T. , "The Social Psychological Perspective of Elderly Care", in W. T. Liu and H. Kending, eds. , *Who Should Care for the Elderly*? An East-west Value Divide (*Singapore*: *Singapore University Press*, 2000), pp. 165 −182.

Hooyman N. R. , 1999, "Untapped resources: Women in Ageing Societies across Asia", *The Gerontologist*, 39 (1): 115 −118.

Horowitz A. , 1985, "Sons and Daughters as Caregivers to Older Parents: Differences in Role Performance and Consequences", *The Gerontologist*, 25: 612 −617.

Hoyert D. L. , 1991, "Financial and Household Exchanges between Generations", *Research on Aging*, 13: 205 −225.

Hyman H. H. , 1983, *Time and Widowhood*, Durham, NC: Duke Press Policy Studies.

Ihori T. , 1994, "Intergenerational Transfers and Economic Growth with Alternative Bequest Motives", *Journal of the Japanese and International Economies*, 8 (3): 329 −342.

Inglehart R. , & Welzel, C. , 2005, *Modernization*, *Cultural Change*, *and Democracy*: *The Human Development Sequence*, New York: Cambridge University Press.

Ishii-Kuntz M. , 1997, "Intergenerational Relationships among Chinese, Japanese, and Korean Americans", *Family Relations*, 46 (1): 23 –32.

J. Walker A. , and C. Pratt C. , 1991, "Daughters' help to Mothers: Intergenerational Aid Versus Caregiving ", *Journal of Marriage and the Family*, 53 (1): 3 –12.

Jr. , G. H. E. , 1994, "Time, Human Agency, and Social Change: Perspectives on the Life Course", *Social Psychology Quarterly*, 57 (1): 4 –15.

Katz S. e. a. , 1983, "Active life expectancy", *New England Journal of Medicine*, 209: 1218 –1224.

Kaufman G. , and Uhlenberg P. , 1998, "Effects of Life Course Transitions on the Quality of Relationships between Adult Children and Their Parents", *Journal of Marriage and the Family*, 60 (4): 924 –938.

Koyano W. , "Filial Piety, Co-residence, Intergenerational Solidarity in Japan. " in W. T. Liu and H. Kendigm, eds. , *Who Should Care for the Elderly? An East-west Value Divide* (Singapore: Singapore University Press, 2000), pp. 200 –223.

Krause N. , Liang J. , and Keith V. , 1990, "Personality, Social Support, and Psychological Distress in Later Life", *Psychology and Aging*, 5 (3): 315 – 326.

Kruger H. , and Levy R. , 2001, "Linking Life Courses, Work, and the Family: Theorizing a Not So Visible Nexus between Women and Men ", *Canadian Journal of Sociology*, 26 (2): 145 –166.

Morgan D. , L. Schuster T. , and Butler E. W. , 1991, "Role Reversals in the Exchange of Social Support", *Journal of Gerontology*, 46 (5): S278 – S287.

Laitner J. , and Juster F. T. , 1996, "New Evidence on Altruism: A Study of TIAA-CREF Retirees", *The American Economic Review*, 86 (4): 893 –908.

Lawson D. W. , and Mace R. , 2009, "Trade-offs in Modern Parenting: a Longitudinal Study of Sibling Competition for Parental Care", *Evolution and Human Behavior*, 30 (3): 170 –183.

Laz C. , 1998, "Act Your Age", *Sociological Forum*, 13 (1): 85 –113.

Lee Y. -J. , Parish W. L. , and Willis R. J. , 1994, "Sons, Daughters, and Intergenerational Support in Taiwan", *The American Journal of Sociology*, 99 (4): 1010 -1041.

Lee Y. -J. , and Xiao Z. , 1998, "Children's Support for Elderly Parents in Urban and Rural China: Results from a National Survey", *Journal of Cross-Cultural Gerontology*, 13 (1): 39 -62.

Levenson R. W. , Carstensen L. L. , and Gottman J. M. , 1993, "Long-term Marriages: Age, Gender, and Satisfaction", *Psychology and Aging*, 8: 301 - 313.

Li H. , and Tracy M. B. , 1999, "Family Support, Financial Needs, and Health Care Needs of Rural Elderly in China: A Field Study", *Journal of Cross-Cultural Gerontology*, 14: 357 -371.

Lillard L. , and Willis R. J. , 2002, "Patterns of Intergenerational Transfers in Southeast Asia", *Journal of Marriage and the Family*, 64: 627 -641.

Lillard L. A. , and Waite L. J. , 1995, "Till Death do us Part: Marital Disruption and Mortality", *American Journal of Sociology*, 100 (5): 1131 -1156.

Lillard L. A. , and Willis R. J. , 1997, "Motives for Intergenerational Transfers: Evidence from Malaysia", *Demography*, 34 (1): 115 -134

Lin J. , 1995, "Changing Kinship Structure and Its Implications for Old-age Support in Urban and Rural China. *Population* ", *Studies*, 49 (1): 127 -145.

Litwark E. , and Kulis S. , 1987, "Technology, Proximity and Measurement of Kin Support", *Journal of Marriage and Family*, 49: 649 -661.

Liu W. T. , and Kendig H. , 2000, "Critical Issues of Caregiving: East-west Dialogue. " in W. T. Liu, eds. , *Who Should Care for the Elderly: An East-West Value Divide.* Singapore: Singapore University Press.

Lucas R. E. B. , and Stark O. , 1985, "Motivations to Remit: Evidence from Botswana", *The Journal of Political Economy*, 93 (5): 901 -918.

Lucas S. R. , 2001, " Effectively Maintained Inequality: Education Transitions, Track Mobility, and Social Background Effects ", *The American Journal of Sociology*, 106 (6): 1642 -1690.

Lynch S. M. , 2003, "Cohort and Life-Course Patterns in the Relationship between Education and Health: A Hierarchical Approach", *Demography*, 40 (2): 309 −331.

Mannheim K. , 1952, "The Problem of Generations, " in K. Mannheim, eds. , *Essays on the Sociology of knowledge*, London: Routledge.

Matthews S. H. , 1987, "Perceptions of Fairness in the Division of Responsibility for Old Parents", *Social Justic Research*, 1 (4).

Matthews S. H. , 1987, "Provision of Care to Old Parents: Division of Responsibility among Adult Children", *Research on Aging*, 9 (1): 45 −60.

Matthews S. H. , 2002, Sisters and Brothers / Daughters and Sons: *Meeting the Needs of Old Parents*, LLC Bloomington, Indiana: Unlimited Publishing.

Mayer K. U. , 2004, "Whose Lives? How History, Societies and Institutions Define and Shape Life Courses", *Research in Human Development*, 1 (3): 161 −187.

Mayer K. U. , 2009, "New Directions in Life Course Research", *Annual Review of Sociology*, 35: 413 −433.

McGarry K. , and Schoeni, R. F. , 1995, "Transfer Behavior in the Health and Retirement Study: Measurement and the Redistribution of Resources within the Family", *The Journal of Human Resources*, 30: S184 −S226.

McGarry K. , & Schoeni, R. F. , 1997, "Transfer Behavior Within the Family: Results from the Asset and Health Dynamics Study", *Journal of Gerontology: Social Sciences*, 52B: 82 −91.

Merton R. K. , 1957, *Social Theory and Social Structure*, New York: Free Press.

Miech R. A. , and Shanahan M. J. , 2000, "Socioeconomic Status and Depression over the Life Course", *Journal of Health and Social Behavior*, 41 (2): 162 −176.

Miller B. , and Cafasso L. , 1992, "Gender Differences in Caregiving: Fact of Artifact? ", *The Gerontologist*, 32: 498 −517.

Miyazaki Y. , and Raudenbush S. W. , 2000, "Tests for Linkage of Multiple Cohorts in an Accelerated Longitudinal Design", *Psychological Methods* (5): 44 −63.

Molm L. D. , Takahashi N. , and Peterson G. , 2000, "Risk and Trust in

Social Exchange: An Experimental Test of a Classical Proposition", *American Journal of Sociology*, 105 (5): 1396 −1427

Montgomery R. J. , and Kamo Y. , 1989, Parent Care by Sons and Daughters. In J. A. Mancini, eds. , *Aging Parents and Adult Children* (Lexington, MA: Lexington Books, 1989), pp. 213 −230.

Montgomery R. V. , and Hirshorn B. A. , 1991, "Current and Future Family Help with Long-term Needs of the Elderly", *Research on Aging*, 13: 171 −204.

Morgan J. N. , 1982, "The Redistribution of Income by Families and Institutions and Emergency Help Patterns. " in M. S. Hill, eds. , *Five Thousand American Families* (Ann Arbor, Mich: Institute of Social Research , 1982) pp. 1 −59.

Neugarten B. L. , and Weinstein K. K. , 1964, "The Changing American Grandparent", *Journal of Marriage and Family*, 26 (2): 199 −204.

Nugent J. , 1985, "The Old-age Security Motive for Fertility", *Population and Development Review*, 11 (1): 75 −97.

Palmore E. B. , 1990, *Ageism: Negative and Positive*, New York: Springer Publishing Company.

Pas S. v. d. , Tilburg T. v. , and Knipscheer K. , 2007, "Changes in Contact and Support Within Intergenerational Relationships in the Netherlands: a Cohort and Time-Sequential Perspective", *Advances in Life Course Research*, 12: 243 −274.

Piercy K. W. , 1998, "Theorizing on Informal Care in the New Century? Informal Care for Elderly People in England", *Journal of Marriage and the Family*, 60: 109 −118.

Popenoe D. , 1993, "American family decline, 1960 − 1990", *Journal of Marriage and the Family*, 55: 527 −555.

Raudenbush S. W. , and Bryk A. S. , 2002, Hierarchical Linear Models: *Applications and Data Analysis Methods* (*Second Edition*), Thousand Oaks: Sage.

Ravanera Z. R. , Rajulton F. , and Burch T. K. , 2004, "Patterns of Age Variability in Life Course Transitions", *Canadian Journal of Sociology* 29 (4):

527 −542.

Richard A. , Settersten J. , and Mayer K. U. , 1997, "The Measurement of Age, Age Structuring, and the Life Course", *Annual Review of Sociology*, 23: 233 −261.

Riley M. W. , 1974, "The Perspective of Age Stratification", *The School Review*, 83 (1): 85 −91.

Riley M. W. , 1987, "On the Significance of Age in Sociology", *American Sociological Review*, 52 (1): 1 −14.

Riley M. W. , and Riley J. W. , 1993, "Connections: Kin and Cohort", in V. L. Bengtson and W. A. Achenbaum, eds. , *The Changing Contract Across Generations*, New York: Springer Publishing Company.

Riley M. W. , and Riley J. W. , 1994, "Age Integration and the Lives of Older People", *The Gerontologist*, 34: 110 −115.

Rogers R. G. , 1996, "The Effects of Family Composition, Health, and Social Support Linkages on Mortality", *Journal of Health and Social Behavior*, 37: 326 −338.

Rossi A. S. , 1986, "Gender, Personal Traits, and the Exchange of help between Parents and Adults Children", Paper at the 81st Annual Meeting of the American Sociological Association, New York.

Rossi A. S. , and Rossi P. H. , 1990, *Human Bonding: Parent-Child Relations across the Life Course*, New York: Aldine de Gruyter.

Ruiz S. A. , and Silverstein M. , 2007, "Relationships with Grandparents and the Emotional Well-Being of Late Adolescent and Young Adult Grandchildren", *Journal of Social Issues*, 63 (4): 793 −808.

Rushton J. P. , 1982, "Altruism and Society: A Social Learning Perspective", *Ethics*, 92: 425 −446

Ryder N. B. , 1965, "The Cohort as a Concept in the Study of Social Change", *American Sociological Review*, 30 (6): 843 −861.

Sabatelli R. M. , and Shehan C. L. , "Exchange and Resource Theories", in P. Boss, W. J. Doherty, R. LaRossa, W. R. Schumm and S. K. Steinmetz, eds. , *Sourcebook of Family Theories and Methods: A Contextual Approach*

(New York: Plenum Press, 1993), pp. 385 −417.

Savelsberg J. J. , 2002, "Dialectics of Norms in Modernization", *Sociological Quarterly*, 43 (2): 277 −305.

Secondi G. , 1997, "Private Monetary Transfer in Rural China: Are Families altruistic? ", *The Journal of Development Studies*, 33: 487 −511.

Seltzer J. A. , Bachrach C. A. , Bianchi S. M. , Bledsoe C. H. , Casper L. M. , Chase-Lansdale P. L. , Thomas D. , 2005, "Explaining Family Change and Variation: Challenges for Family Demographers", *Journal of Marriage and Family*, 67 (4): 908 −925.

Sen A. , 1993, "The Economics of Life and Death", *Scientific American*, 40 −47.

Shanahan M. J. , 2000, "Pathways to Adulthood in Changing Societies: Variability and Mechanisms in Life Course Perspective", *Annual Review of Sociology*, 26: 667 −692.

Shapiro A. , and Cooney T. M. , 2007, "Divorce and Intergenerational Relations Across the Life Course", *Advances in Life Course Research*, 12: 191 −219.

Sheng X. , and H. Settles B. , 2006, "Intergenerational Relationships and Elderly Care in China: A Global Perspective", *Current Sociology*, 54 (2): 293 −313.

Shi L. , 1993, "Family Financial and Household Support Exchange between Generations: A Survey of Chinese Rural Elderly", *The Gerontologist*, 33 (4): 468 −480.

Shye D. , P. Mullooly J. , K. Freeborn D. , and Pope C. R. , 1995, "Gender Differences in the Relationship between Social Network Support and Mortality-a Longitudinal Study of an Elderly Cohort", *Social Science Medical*, 41 (7): 935 −947.

Silverstein M. , Bengtson V. L. , and Litwak E. , 2003, "Theoretical Approaches to Problems of Families, Aging, and Social Support in the Context of Modernization", in S. Biggs A. Lowenstein and J. Hendricks, eds. , *The Need for Theory: Critical Approaches to Social Gerontology* (Amityville, New York: Baywood, 2003), pp. 181 −199.

Silverstein M. , Burholt V. , Wenger G. C. , and L. Bengtson V. , 1998, "Parent Child Relations Among very Old Parents in Wales and the United States: A Test of Modernization Theory", *Journal of Aging Studies*, 12 (4): 387 −409.

Silverstein M. , Cong Z. , and Li S. , 2006, "Intergenerational Transfers and Living Arrangements of Old People in Rural China: Consequences for Psychological Well-Being", *Journal of Gerontology: Social Sciences*, 61B (5): S256 −S266.

Silverstein M. , Cong Z. , and Li S. , 2007, "Grandparents Who Care for Their Grandchildren in Rural China: Benefactors and Beneficiaries." in P. a. Cook, eds. , *New Perspectives on China and Aging*, New York: Nova Science Publishers.

Silverstein M. , Conroy S. J. , Wang H. , Giarrusso R. , and Bengtson V. L. , 2002, "Reciprocity in Parent-child Relations over the Adult Life Course", *Journal of Gerontology: Social Sciences*, 57B (1): S3 −S13.

Silverstein M. , Parrott T. M. , and Bengtson V. L. , 1995, "Factors that Predispose Middle-aged Sons and Daughters to Provide Social Support to Older Parents", *Journal of Marriage and the Family*, 57 (2): 465 −475.

Singer J. D. , and Willett J. B. , 2003, *Applied Longitudinal Data Analysis: Modeling Change and Event Occurrence*, New York: Oxford University Press.

Skinner G. W. , 1997, "Family Systems and Demographic Processes." in D. I. Kertzer and T. Fricke, eds. , *Anthropological Demography: Toward A New Synthesis* (Chicago, Illinois: University of Chicago Press, 1997), pp. 53 −95.

Smith H. L. , 2004, "Response: Cohort Analysis Redux", *Sociological Methodology*, 34: 111 −119.

Spanier G. B. , Roos P. A. , and Shockey J. , 1985, "Marital Trajectories of American Women: Variations in the Life Course", *Journal of Marriage and the Family*, 47 (4): 993 −1003.

Spitze G. , and Logan J. , 1990, "Sons, Daughters and Intergenerational Social Support", *Journal of Marriage and the Family*, 52 (2): 420 −430.

Stokes J. P. , and Wilson D. G. , 1984, "The Inventory of Socially Supportive Behaviors: Dimensionality, Prediction, and Gender Differences", *American Journal of Community Psychology*, 12: 53 −69.

Stoller E. P., 1983, "Parental Caregiving by Adult Children", *Journal of Marriage and the Family*, 45: 851 –858.

Stoller E. P., and Earl L. L., 1983, "Help with Activities of Everyday Life: Sources of Support for the Non-institutionalized Elderly", *The Gerontologist*, 23: 64 –70.

Sun R., 2002, "Old Age Support in Contemporary Urban China from Both Parents' and Children's Perspectives", *Research on Aging*, 24 (3): 337 – 359.

Thompson E. E., and Krause N., 1998, "Living Alone and Neighborhood Characteristics as Predictors of Social Support in Later Life", *Journals of Gerontology: Psychological Sciences and Social Sciences*, 53B (6): 354 – 364.

United Nations, 2002, "Report of the Second World Assembly on Aging", Madrid, 8 –12 April 2002, New York: United Nations.

Veevers J. E., and Mitchell B. A., 1998, "Intergenerational Exchanges and Perceptions of Support within boomerang kid "Family Environments", *The International Journal of Aging and Human Development* 46 (2): 91 –108.

Voorpostel M., and Blieszner R., 2008, "Intergenerational Solidarity and Support Between Adult Siblings", *Journal of Marriage and Family*, 70 (1): 157 – 167.

Waite L. J., and Lehrer E. L., 2003, "The Benefits from Marriage and Religion in the United States: A Comparative Analysis", *Population and Development Review*, 29: 255 –275.

Wang D., 1999, Flying From the Nest: *Household Formation in a Village in Northeastern China*, Ph. D. Dissertation, Brown University.

Ward R., Logan, J., & Spitze, G., 1992, "The Influence of Parent and Child Needs on Coresidence in Middle and Later Life", *Journal of Marriage and the Family*, 54 (1): 209 –221.

Wethington E., and Kamp Dush C. M., 2007, "Assessments of Parenting Quality and Experiences Across the Life Course", *Advances in Life Course Research*, 12: 123 –152.

White L. , 2001, "Sibling Relationships over the Life Course: A Panel Analysis", *Journal of Marriage and the Family*, 63 (2), 555 −568.

Williams A. , and Nussbaum J. F. , 2001, *Intergenerational Communication Across the Life Span*, New Jersey: Erlbaum, Mahwah.

Willis K. , and Yeoh B. , 2000, "Introduction" in K. Willis and B. Yeoh, eds. , *Gender and Migration*. xi-xxii. Cheltenham, UK: Edward Elgar.

Willson A. E. , Shuey K. M. , and Elder G. H. , Jr. , 2007, "Cumulative Advantage Processes as Mechanisms of Inequality in Life Course Health", *The American Journal of Sociology*, 112 (6): 1886 −1924.

Yan S. , Chen J. , and Yang S. , 2003, "*Living Arrangements and Old-age Support.*" in M. K. Whyte, eds. , China's Revolutions and Intergenerational Relations (Ann Arbor: University of Michigan Center for Chinese Studies, 2003), pp. 143 −166.

Yang H. , 1996a, "The Distributive Norm of Monetary Support to Older Parents: A Look at A Township in China", *Journal of Marriage and the Family*, 58 (May): 404 −415.

Yang Y. , 2007, "Is Old Age Depressing? Growth Trajectories and Cohort Variations in Latelife Depression", *Journal of Health and Social Behavior*, 48 (1): 16 −32.

Zeng Y. , and Vaupel J. W. , 1989, "The Impact of Urbanization and Delayed Childbearing on Population Growth and Aging in China", *Population and Development Review*, 15 (3): 425 −445.

Zhan H. J. , 2004, "Willingness and Expectations: Intergenerational Differences in Attitudes toward Filial Responsibility in China", *Marriage and Family Review*, 34 (1 −2): 175 −200.

Zimmer Z. , and Kwong J. , 2003, "Family Size and Support of Older Adults in Urban and Rural China: Current Effects and Future Implications", *Demography*, 40 (1): 23 −44.

附　　录

巢湖地区孩子与养老调查表

被访老人编码　　　　　　　　　□□□□□

被访老人的年龄是　　　　　　　　　　□

　　　1. 60 岁到 74 岁之间　　　2. 75 岁或 75 岁以上

被访老人姓名＿＿＿＿＿＿＿＿＿

被访老人住址：　　　县（区）＿＿＿乡（镇）＿＿＿村＿＿＿村民

小组＿＿＿＿

　　　月　　日　　时　　分　　　如果调查未完成，原因是：

第一次访问　从□□　□□　□□　□□　　　　＿＿＿＿＿＿＿＿

　　　　　　到□□　□□　□□　□□　　　　＿＿＿＿＿＿＿＿

第二次访问　从□□　□□　□□　□□　　　　＿＿＿＿＿＿＿＿

　　　　　　到□□　□□　□□　□□　　　　＿＿＿＿＿＿＿＿

第三次访问　从□□　□□　□□　□□　　　　＿＿＿＿＿＿＿＿

　　　　　　到□□　□□　□□　□□　　　　＿＿＿＿＿＿＿＿

访问员姓名　　　　　　　　　　　　＿＿＿＿＿＿＿＿

核对人姓名　　　　　　　　　　　　＿＿＿＿＿＿＿＿

核对人的检查结果　　　　　　合格（　　）　　不合格（　　）

请把下面的这段话读给被访问人：

　　这是一项由西安交通大学人口研究所主持的老年调查研究。现在我们想

知道您是否愿意参加，您参加这项调查研究完全是自愿的，如果您不愿意，

您可以选择拒绝参加本次调查。

调查中将询问一些有关您目前日常生活状况的问题，包括您的身体健康、心理状态、生活状况、家庭和社会交往等。我下面将要询问您的一些问题也许会引起您的不快，如果您不愿意回答某个问题，请告诉我，我将跳过这个问题到下一个问题继续进行。在调查中您可以因为任何理由，在任何时间退出调查。您不会为此承担任何风险。

整个调查大约需要 50 分钟。我们不会对您参加本次调查支付报酬，但会送给您一份礼品表示对您的感谢。本次调查收集到的信息是严格保密的，除了合格的研究人员外，任何人不会接触到这些资料。这些资料将会在西安交通大学保存 5 年。您的回答不会和任何能够表明您身份的信息产生联系，只有一些经过我们汇总后的结果被公布。

调查员请注意：请务必要求被调查者在声明上签字，请告诉他们，这个签字表示：他们完全自愿接受访问，他们提供的信息是保密的。

如果被调查者不能签字，请让他们的配偶、子女或代表代签。

第一部分：被访者的个人状况

101	性别：	1. 男 2. 女	□
102	您的出生年月：	阳历：＿＿＿＿年＿＿＿＿月	□□□□
103	您的属相是：	01. 鼠 02. 牛 03. 虎 04. 兔 05. 龙 06. 蛇 07. 马 08. 羊 09. 猴 10. 鸡 11. 狗 12. 猪	□□
104	您现在的婚姻状况是：	1. 已婚且夫妻俩住在一起 2. 已婚但未和配偶住在一起 3. 丧偶 4. 离婚 5. 从未结过婚	□
105	您还有几个健在的兄弟姐妹：	兄弟：＿＿＿＿＿ 姐妹：＿＿＿＿＿	□□ □□
106	您现在自己住还是和其他人住在一起？	1. 自己一个人住（跳问 201） 2. 与其他人一起住	□
107	除去您自己，您家里有几口人？	＿＿＿＿＿口人	□□
108	下面有哪些人现在跟您住在一起？ （有请在第一个方格内填"1"，没有请填"0"，如果有子女、儿媳、女婿或孙子女同住，在右边对应的两个方格内填写个数）	1 配偶 2 母亲 3 父亲 4 岳母 5 岳父 6 兄弟	1 □ 2 □ 3 □ 4 □ 5 □ 6 □

续表

	7　姐妹	7 ☐
	8　其他亲属	8 ☐
	9　其他无亲属关系的人	9 ☐
108　下面有哪些人现在跟您住在一起？ （有请在第一个方格内填"1"，没有请填"0"，如果有子女、儿媳、女婿或孙子女同住，在右边对应的两个方格内填写个数）	10　小于 16 岁的子女（如果有，有几个？_____）	10 ☐　☐☐
	11　16 岁及以上的子女（如果有，有几个？_____）	11 ☐　☐☐
	12　儿媳（如果有，有几个？_____）	12 ☐　☐☐
	13　女婿（如果有，有几个？_____）	13 ☐　☐☐
	14　孙子女（如果有，有几个？_____）	14 ☐　☐☐

第二部分：社会和经济状况

201.1　您现在所住的房子是：	1. 自己的　　　2. 和别人共同拥有的 3. 租赁别人的　4. 借住别人的（不交租金）	☐
201.2　您受到的最高教育是：	1. 没有上过学　2. 小学　3. 初中　4. 高中 5. 中专或技校　6. 大专　7. 大学或大学以上	☐
202　您现在还工作吗？	1. 是的，完全工作（和以前一样）跳问 204 2. 是的，部分工作（比以前干活少了）跳问 204 3. 不，没有工作.	☐
203　您现在不再工作了，那么您：	1. 已经退休了 2. 从未工作过（如家庭主妇）请跳问 205 3. 因为生病或年迈不能工作了 4. 其他原因（请说明_____）	☐
204　如果您现在或曾经工作过，那您最后从事的主要职业是： （如果不止一项工作，则以收入最多者为准）	1. 专业技术　　　　　2. 行政管理 3. 商业或服务业　　　4. 农业、养殖业、渔业 5. 工人　　　　　　　6. 业主或企业家 7. 军人　　　　　　　8. 其他（请注明_____）	☐
205　（仅询问已婚或曾经结婚者）您的配偶最后从事的主要职业是：	1. 专业技术　　　　　2. 行政管理 3. 商业或服务业　　　4. 农业、养殖业、渔业 5. 工人　　　　　　　6. 业主或企业家 7. 军人　　　　　　　8. 从未工作过（比如做家务） 9. 其他（请注明_____）	☐

第三部分：健康和日常生活能力

301　在过去的 12 个月里,您有没有一段时间因为生病卧床不起? 大约有多长时间?	1. 没有 2. 大约有几天 3. 有一个星期左右 4. 超过一个星期	□
☆302　您认为您自己现在的身体健康状况: (请将选项逐一念给被访者,并请其选择其中一个)	1. 很好 2. 好 3. 一般 4. 不好	□
☆303　和您同龄的人相比,您认为自己的健康状况:	1. 比一般人好 2. 差不多 3. 比一般人差	□
304　您认为自己通常做下面几项日常活动有困难吗? (如果您必须做) 1　洗澡 2　穿衣服和脱衣服 3　下床或从椅子上站起来 4　在房间里走动 5　上厕所 6　吃饭	1. 没有困难 2. 有点困难 3. 自己根本做不了	1 □ 2 □ 3 □ 4 □ 5 □ 6 □
305　您自己完成下面的活动有困难吗? (如果您必须做) 1　提起或搬动 10 公斤重的东西,比如一袋 10 公斤重的大米 2　爬一层楼的楼梯或台阶 3　弯腰、蹲下或跪坐 4　步行约 100 米	1. 没有困难 2. 有点困难 3. 自己根本做不了	1 □ 2 □ 3 □ 4 □
306　如果让您自己做下面的几项活动,您会不会因为身体不好而有困难:(如果您必须做) 1　做饭 2　买东西 3　自己坐车(汽车或者火车) 4　做家务(打扫卫生、洗衣服、洗碗等) 5　管理家里的钱财	1. 没有困难 2. 有点困难 3. 自己根本做不了	1 □ 2 □ 3 □ 4 □ 5 □

续表

307　您现在是不是患有下面的某些疾病:(请逐一询问) 1　高血压 2　糖尿病 3　心脏病 4　中风 5　白内障或青光眼 6　癌症或恶性肿瘤 7　支气管炎或其他呼吸道疾病 8　关节炎或风湿病 9　胃病比如胃溃疡 10　骨质疏松症 11　肝脏、胆囊或膀胱类疾病 12　其他,请说明_____	1. 有 2. 没有 8. 拒绝回答 9. 不知道或答不上来	1 ☐ 2 ☐ 3 ☐ 4 ☐ 5 ☐ 6 ☐ 7 ☐ 8 ☐ 9 ☐ 10 ☐ 11 ☐ 12 ☐
308　您最后一次找医生看病是在什么时候?	1. 上个星期　2. 上个月　3. 一个月以前 4. 一年以前或从未看过医生	☐

第四部分: 子女状况 (下面要询问一些关于您的孩子的情况)

401　您在 2001 年 4 月有几个活着的孩子(包括抱养和前次婚姻的子女)?	_____个(没有填"00",请跳问到 501)	☐☐
402　您现在有几个活着的孩子(包括抱养和前次婚姻的子女)?		☐☐

下面我们将询问您关于现在您的孩子的情况，请您按照从大到小的顺序逐个告诉我:

询问的问题	第一个孩子	第二个孩子	第三个孩子	第四个孩子
403　这个孩子(在 2001 年 4 月还存活的孩子中)的大小顺序是:	01	02	03	04
404　孩子的性别:1. 男　2. 女	☐	☐	☐	☐
405.1　这个孩子的年龄:(周岁)	☐☐	☐☐	☐☐	☐☐
405.2　这个孩子现在还活着吗? 1. 是　2. 否(跳问下一个孩子)	☐	☐	☐	☐
406　这个孩子的受教育水平: 1. 从未上过学　2. 小学　　3. 初中 4. 高中　　　5. 中专或技校　6. 大专 7. 大学或大学以上	☐	☐	☐	☐

续表

询问的问题	第一个孩子	第二个孩子	第三个孩子	第四个孩子
407 这个孩子现在(最后)的职业： 1. 专业技术 2. 行政管理 3. 商业或服务业 4. 农业、养殖业、渔业 5. 工人 6. 业主或企业家 7. 军人 8. 从未工作过(如做家务、上学等) 9. 其他(请注明_____)	□	□	□	□
408 这个孩子现在的婚姻状况是： 1. 已婚且和配偶同住 2. 离婚或因婚姻问题分居 3. 因其他原因分居(如在外打工) 4. 丧偶 5. 从未结婚	□	□	□	□
409 您现在和这个孩子一起住吗？ 1. 是 2. 否(请跳问411)	□	□	□	□
410 您为什么和这个孩子一起住？(从下面选出所有原因，是填"1"，不是填"0"，答完请跳问419) 1. 身体不好需要孩子照顾 2. 为您提供住房 3. 给孩子提供经济、家务上的帮助或为孩子提供房子 4. 帮助照顾孙子女 5. 为了家庭的亲情、和睦 6. 传统的风俗习惯 7. 其他(请说明_____)	1 □ 2 □ 3 □ 4 □ 5 □ 6 □ 7 □	1 □ 2 □ 3 □ 4 □ 5 □ 6 □ 7 □	1 □ 2 □ 3 □ 4 □ 5 □ 6 □ 7 □	1 □ 2 □ 3 □ 4 □ 5 □ 6 □ 7 □
411 这个孩子现在住在哪里？ 1. 本村(跳问413) 2. 本乡(镇) 3. 本县(区) 4. 本市 5. 本省 6. 外省 7. 国外	□	□	□	□
412 这个孩子现在住的地方是： 1. 乡村 2. 乡镇上 3. 城市	□	□	□	□
413 您与这个孩子在过去12个月里见面的次数是： 1. 几乎天天见面 2. 每周至少一次 3. 一个月几次 4. 每月一次 5. 一年几次 6. 很少见面	□	□	□	□.
414 这个孩子最后离家大约是在什么时间？	□□年 □□月	□□年 □□月	□□年 □□月	□□年 □□月

续表

询问的问题	第一个孩子	第二个孩子	第三个孩子	第四个孩子
415　您不和这个孩子住在一起的主要原因是:(选出所有主要原因,是填"1",不是填"0") 1. 工作方面的原因 2. 家庭原因,比如孩子结婚了 3. 上学 4. 当兵 5. 孩子想自立 6. 其他原因(请说明_____)	1 □ 2 □ 3 □ 4 □ 5 □ 6 □	1 □ 2 □ 3 □ 4 □ 5 □ 6 □	1 □ 2 □ 3 □ 4 □ 5 □ 6 □	1 □ 2 □ 3 □ 4 □ 5 □ 6 □
416　在过去 12 个月中,这个孩子是否与您在他或您的家中,居住时间超过一个月? 1. 是　　2. 否(跳问 419)	□	□	□	□
417　这期间共和您同住了多长时间?(几个月零几周零几天?)	□□月 □周 □天	□□月 □周 □天	□□月 □周 □天	□□月 □周 □天
418　这个孩子为什么和您一起住?(选出所有原因,是填"1",不是填"0") 1. 身体不好需要孩子照顾 2. 为您提供住房 3. 给孩子提供经济、家务上的帮助或为孩子提供房子 4. 帮助照顾孙子女 5. 为了家庭亲情与和睦 6. 传统的风俗习惯 7. 其他原因(请说明_____)	1 □ 2 □ 3 □ 4 □ 5 □ 6 □ 7 □	1 □ 2 □ 3 □ 4 □ 5 □ 6 □ 7 □	1 □ 2 □ 3 □ 4 □ 5 □ 6 □ 7 □	1 □ 2 □ 3 □ 4 □ 5 □ 6 □ 7 □

下面的问题只询问大于或刚好 16 岁的子女

询问的问题	第一个孩子	第二个孩子	第三个孩子	第四个孩子
☆419　从各方面考虑,您觉得和这个孩子(感情上)亲近吗? 1. 不亲近　　2. 有点亲近　　3. 很亲近	□	□	□	□
☆420　总的来讲,您觉得自己和这个孩子相处的好吗? 1. 不好　　2. 还可以　　3. 很好	□	□	□	□

询问的问题	第一个孩子	第二个孩子	第三个孩子	第四个孩子
☆421 当您想跟这个孩子讲自己的心事或困难时,您觉得他愿意听吗? 1. 不愿意　2. 有时愿意　3. 愿意	□	□	□	□
422 在过去的 12 个月里,这个孩子有没有给过您(或与您同住的、仍健在的配偶)钱、食品或礼物? 1. 有　2. 没有(跳问 424)	□	□	□	□
423 给您的这些财物共值多少钱? (如果能给出确定的钱数,请在第一行空格中填写;否则请选出一个范围,填在第二行的空格中) ①50 元以下　②50∽99 元 ③100∽199 元　④200∽499 元 ⑤500∽999 元　⑥1000∽2999 元 ⑦3000∽4999 元　⑧5000∽9999 元 ⑨10000 以上	□□□□□元 □	□□□□□元 □	□□□□□元 □	□□□□□元 □
424 这个孩子在干农活或料理家里生意方面给了你多少帮助? 1. 几乎全部　2. 超过一半 3. 大约一半　4. 少于一半 5. 没有帮忙　6. 没有农活和生意	□	□	□	□
425 在过去 12 个月中,您(或与您同住的、仍健在的配偶)有没有给过这个孩子钱、食品或礼物? 1. 有　2. 没有(跳问 427)	□	□	□	□
426 给他(她)的这些财物值多少钱? 如果能给出确定的钱数,请在第一行空格中填写;否则请选出一个范围,填在第二行的空格中填写 ①50 元以下　②50∽99 元 ③100∽199 元　④200∽499 元 ⑤500∽999 元　⑥1000∽2999 元 ⑦3000∽4999 元　⑧5000∽9999 元 ⑨10000 以上	□□□□□元 □	□□□□□元 □	□□□□□元 □	□□□□□元 □
427 他(她)有几个活着的孩子? (没有填"00"跳问下个孩子或 433)	□□	□□	□□	□□
428 他(她)最小的孩子有多大?	□□	□□	□□	□□

询问的问题	第一个孩子	第二个孩子	第三个孩子	第四个孩子
429　（如果有两个或多个孩子）他（她）最大的孩子有多大？	☐☐	☐☐	☐☐	☐☐
430　您和他(她)的孩子一起住吗？（任何一个）1. 是的　2. 没有	☐	☐	☐	☐
431　（若该子女没有16岁及以下的的孩子请跳问下一个孩子或433）在过去的12个月中您有没有照顾过这些16岁及以下的孙子女？ 1. 有 2. 没有（跳问下个孩子或者433）	☐	☐	☐	☐
432　您照看这些孩子的时间是： 1. 每天从早到晚 2. 每天有段时间(但不是全天) 3. 每星期至少一次 4. 每月几次 5. 大约每月一次 6. 很少	☐	☐	☐	☐
☆433　如果您病了,您最愿意哪个孩子(不小于16岁)照料您？请写出孩子的顺序号	☐☐			

第五部分：老人的观念

（您同意下面各段话的观点吗?）	1. 同意　2. 不同意
☆501　父母年老时,孩子应该给他们提供经济帮助,让他们安度晚年。	☐
☆502　当孩子需要时,父母应该帮他们照料子女（老人的孙子女）。	☐
☆503　老年人在经济上应该独立,不要依靠自己的孩子。	☐
☆504　当父母年老时,孩子应该和他们住在一起。	☐
☆505　为了帮助年迈的父母,长大成人的子女应该住的离他们近一点。	☐
☆506　儿子是父母年老时最好的依靠（养儿防老）。	☐

第六部分：A 心理福利

（您在过去一周里有下面的感觉吗?）	1. 没有　2. 有时　3. 经常
☆601A　（过去一周里）您觉得自己心情很好吗？	☐
☆602A　（过去一周里）您觉得寂寞（孤单）吗？	☐
☆603A　（过去一周里）您觉得心里很难过吗？	☐
☆604A　（过去一周里）您觉得自己的日子过得很不错吗？	☐
☆605A　（过去一周里）您觉得不想吃东西吗？	☐
☆606A　（过去一周里）您睡不好觉（失眠）吗？	☐
☆607A　（过去一周里）您觉得自己不中用了吗？	☐
☆608A　（过去一周里）您觉得自己没事可做吗？	☐
☆609A　（过去一周里）您觉得生活中有很多乐趣（有意思的事情）吗？	☐

第六部分：B 生活满意度

下面我们将询问您一些您对于自己现在生活的看法	1. 是　2. 不是
☆601B　和大多数人相比，您的生活比他们要好？	☐
☆602B　您对自己的生活满意吗？	☐
☆603B　您发现自己做的事情有意思吗？	☐
☆604B　这几年是您这一生中最好的日子吗？	☐
☆605B　如果能够再来一次的话，您是不是也不愿意改变您过去的人生？	☐
☆606B　您觉得自己做的大部分事情枯燥吗？	☐
☆607B　您觉得自己老了，日子过得没意思(很累)吗？	☐
☆608B　您觉得自己的一生大部分是符合自己的愿望的吗？	☐

第七部分：老人在生活上得到的帮助

701　在过去的 12 个月中，有没有人因为您身体不好帮助您做家务（比
如打扫卫生、洗衣服、洗碗）？

　　1. 有（填写表 A）　　　2. 没有（跳问 702）　　　　　☐

702　在过去的 12 个月中，有没有人因为您身体不好在生活起居上（如
洗澡、穿衣）帮助您？

　　1. 有（填写表 A）　　　2. 没有（跳问 703）　　　　　☐

表 A

下面哪些人给过您帮助？ 01 儿子　02 女儿　03 儿媳 04 女婿　05 姐妹　06 兄弟 07 孙子女　　08 孙媳妇或孙女婿 09 配偶　　　10 其他亲属 11 朋友　　　12 邻居 13 服务机构　14 雇别人 15 其他	如果是子女或其配偶，请填写子女的顺序号；若是孙子女或其配偶，请填写他们父母的顺序号。	这人帮您做家务吗？ 1. 每天都做 2. 每周至少一次 3. 每月几次 4. 很少	这人帮助照料您的生活起居吗？ 1. 每天都做 2. 每周至少一次 3. 每月几次 4. 很少
1 ☐☐	☐☐	☐	☐
2 ☐☐	☐☐	☐	☐
3 ☐☐	☐☐	☐	☐
4 ☐☐	☐☐	☐	☐
5 ☐☐	☐☐	☐	☐
6 ☐☐	☐☐	☐	☐
7 ☐☐	☐☐	☐	☐
8 ☐☐	☐☐	☐	☐
9 ☐☐	☐☐	☐	☐
10 ☐☐	☐☐	☐	☐

☆703　总的来说，您对自己得到的帮助满意吗？（若 701 题和 702 题均

　　　　选择 "2" 则不用回答本问题）

　　　　　1. 很满意　　2. 满意　　3. 不满意　　4. 很不满意　　　□

704　在过去的 12 个月中，您有没有在家务上给其他人提供帮助？　□

　　　　1. 有（填写表 B）　　　　　　2. 没有（跳问 705）

705　在过去的 12 个月中，您有没有在生活起居上给别人提供帮助？□

　　　　1. 有（填写表 B）　　　　　　2. 没有（跳问 801）

表 B

您帮助过下面那些人？ 01 儿子　02 女儿　03 儿媳 04 女婿　05 姐妹　06 兄弟 07 孙子女　08 孙媳妇或孙女婿 09 配偶　　10 母亲 11 父亲　　12 其他亲戚 13 朋友　　14 邻居 15 其他非亲属	如果是子女或其配偶，请填写子女的顺序号；若是孙子女，请填写他们父母的顺序号。	您帮这人做家务吗？ 1. 每天都做 2. 每周至少一次 3. 每月几次 4. 很少	您帮助照料这人的生活起居吗？ 1. 每天都做 2. 每周至少一次 3. 每月几次 4. 很少
1 □□	□□	□	□
2 □□	□□	□	□
3 □□	□□	□	□
4 □□	□□	□	□
5 □□	□□	□	□
6 □□	□□	□	□
7 □□	□□	□	□
8 □□	□□	□	□
9 □□	□□	□	□
10 □□	□□	□	□

第八部分：经济来源：（下面我想询问一些您收入方面的问题）

801　在过去 12 个月中，您（及您的配偶）从工作中净收入了多少

　　　（钱和物）？　　　　　　　　　　　　　　□□□□□□元

802　在过去 12 个月中，您（及您的配偶）的退休金或养老金（钱/

　　　物）总共有多少？　　　　　　　　　　　□□□□□□元

803　在过去 12 个月中，和您住在一起的孩子或其他亲属给您（及您的

配偶）的财物值多少钱？　　　　　　　　□□□□□□元

804　在过去 12 个月中，不和您住在一起的孩子或其他亲属给您（及您的配偶）的财物有多少钱？　　　　　　　□□□□□□元

805　在过去 12 个月中，您（您的配偶）从其他方面得到的收入值多少？　　　　　　　　　　　　　　　　□□□□□□元

☆806　总的来说，您对自己现在的经济状况满意吗？　　　　□

　　　1. 很满意　　2. 满意　　3. 不满意　　4. 很不满意

第九部分：认知能力测试

我想问您几个需要您记忆的小问题，希望您不要介意。

☆901　请问您住在哪个村子里？（回答村名）　　　　　　□

　　　1. 正确　　　　2. 不正确

☆902　请问您知道端午节是农历几号吗？（五月初五）　　□

　　　1. 正确　　　　2. 不正确

☆903　请问您知道今年农历是什么年吗？（羊年）　　　　□

　　　1. 正确　　　　2. 不正确

☆904　请您告诉我：20 减去 3 还剩多少？　　　　　　　□

　　　再减 3 剩多少？　　　　　　　　　　　　　　□

　　　再减 3 剩多少？　　　　　　　　　　　　　　□

　　　1. 正确　　　　2. 不正确

（如果忘记上次答案，请提示答案，但即使这次答对也不算对，再后面答对了才算对。如果在上次错误答案的基础上，本次答案对了就算本次正确）

☆905　请问您知道现在的总理是谁吗？（温家宝）　　　　□

　　　1. 正确　　　　2. 不正确

☆906　现在我说五个词，您仔细听一下：鹅　电视　走路　家　喝水

　　　（不要解释，念完后留 30 秒记忆时间）请重复我说过的五个词。

　　　（不管顺序，只要说对就算，填写重复正确词的个数）　　□

问者记录：

1　这份问卷：　　　　　　　　　　　　　　　　　□

　（1）全部完成

（2）大部分完成

（3）小部分完成

（4）被访者拒绝接受访问（原因_____）

（5）被访者由于存在身体或精神障碍没有接受访问（原因_____）

（6）由于其他原因未进行访问（原因说明_____）

2　访问过程中有其他人在场吗？　　　　　　　　　　　　□

　　（1）有　　　　　　　（2）没有（跳到5）

3　如果有其他人在场，他（他们）是谁？

　　（1）配偶　　　　　　　　　　　　　　　　　　　　　□

　　（2）子女，请填写这个孩子的顺序号_____　　　　□

　　　　　这个孩子的顺序号_____

　　　　　这个孩子的顺序号_____

　　（3）儿媳或女婿 请填写她丈夫（他妻子）的顺序号_____　　□

　　　　　她丈夫（他妻子）的顺序号_____

　　　　　她丈夫（他妻子）的顺序号_____

　　（4）其他亲戚　　　　　　　　　　　　　　　　　　　□

　　（5）其他人（非亲属）　　　　　　　　　　　　　　　□

4　这些人帮助回答过问题吗？　　　　　　　　　　　　　□

　　（1）经常代答　　（2）只在有限几个问题上代答　　（3）没有代答过。

5. 你认为被访问者理解你提出的问题吗？　　　　　　　　□

　　（1）完全理解　　　　　　　（2）理解

　　（3）大部分能够理解　　　　（4）不太理解

6. 被访问者愿意回答你提出的问题吗？　　□

　　（1）非常愿意　　（2）愿意　　（3）基本愿意　　（4）不愿意

后　记

　　我国人口老化数量与速度均高居全球人口较多国家榜首，老年人口数正呈现加速增长的趋势，高龄老人、生活不能自理老人、空巢老人数量庞大。在寿命延长、人口老化加剧不可改变的趋势面前，研究如何应对人口老龄化及其健康问题，是国家重大而又迫切的战略需求，是关系到国计民生、国家长治久安和发展中不容忽视的全局性、战略性问题。在我国未富先老的国情下，应对人口老龄化的思想、物质、制度等各种准备都严重不足，老年维权、老年贫困、老年歧视、老年医疗、代际鸿沟、社会服务等一系列难题，使我们的社会感到前所未有的压力。因此，老龄问题研究具有特殊的历史严峻性和现实紧迫性。然而，我国应对人口老龄化严峻挑战的准备还严重不足，尤其是跨学科研究与对国外前沿理论成果和实践经验的吸收和借鉴急需加强。

　　从人口老龄化趋势初露端倪的 20 世纪 90 年代起，在这一研究领域，西安交通大学人口与发展研究所的科研工作就借助国内外多种形式的合作，始终跟踪国际前沿，并一直走在国内学术界的前沿。多年以来，研究团队不断拓展国际学术合作网络，目前已经与加拿大社会学系、美国南加州大学Andrus 老年研究学院及社会工作学院、斯坦福大学 Morrison 人口与资源研究所建立了实质性的学术合作研究关系，并与美国斯坦福大学老年研究中心（CEDHA）启动了合作研究种子基金项目，在中国农村老年人家庭代际互动、性别分工、老年人健康福利等方面开展了大量研究。研究团队在中国农村老年人生活福利、农村家庭脆弱性等研究领域，与美国南加州大学合作，开展了美国国立卫生院（National Institute of Health，NIH）基金资助项目

"The Well – Being of Older People in Anhui Province，China"，历经 10 余年的积累，建立起了中国农村老年社会支持与健康福利的追踪调查数据库，发表了大量的相关学术论文、会议论文等。2012 年 10 月，西安交通大学老龄与健康研究中心正式揭牌成立，聘请了该领域知名的教授为中心学术顾问，依托"985 工程"国家社科创新基地的建设，立足国际化的科研合作平台，贯彻理论联系实际的原则，强调多学科交叉的研究路径，继续在老年研究、健康和政策研究领域开展更加广泛和多层次的合作。本书采用"安徽老年人福利状况调查"于 2001 年、2003 年、2006 年和 2009 年进行的纵贯调查数据，并基于左冬梅的博士论文《生命历程视角下农村老年人家庭代际支持的年龄模式研究》修改而成。需要说明的是，本书的一些章节是在一些已经发表的论文的基础上撰写而成的，如本书第五章的主体内容来自发表在《人口研究》2011 年第 1 期上的论文《中国老年人家庭代际交换的年龄轨迹研究》，本书第六章的主要内容来自发表在《当代经济科学》2012 年第 4 期上的论文《农民老年人家庭代际经济支持的年龄发展轨迹——成年子女角度的研究》。

在研究设计、调查、博士论文写作和书稿成稿过程中，笔者得到西安交通大学公共政策与管理学院人口所靳小怡教授、杨雪燕教授、姜全保教授，中国人民大学张文娟副教授，西安科技大学王萍教授，苏州大学宋璐副教授，西安理工大学高建新博士，美国德克萨斯技术大学丛臻教授的建议和协助。与调查有关的同仁——张烨霞、悦中山、杜巍、裴瑶琳、周律、任锋、苏丹、陈少飞、王晨旭、江思恩、张平、张浪和张亮等在实地问卷调查中付出了努力和辛勤劳动，调查时得到巢湖市人口计生委和巢湖市居巢区、庐江县、无为县、含山县、和县人口计生局等机构的鼎力协助，还有许许多多热心村民的配合，笔者心中甚为感激。本书的研究和出版得到了国家自然科学基金青年项目（70803039）、国家自然科学基金面上项目（71273205）和西安交通大学"985 – 3"项目的资助。

由于作者水平有限，书中不妥之处在所难免，恳请读者批评指正。

图书在版编目(CIP)数据

农村家庭代际支持的年龄模式/左冬梅,李树茁,(加)吴正著.
—北京:社会科学文献出版社,2014.12
(西安交通大学人口与发展研究所.学术文库)
ISBN 978 - 7 - 5097 - 5613 - 3

Ⅰ.①农… Ⅱ.①左… ②李… ③吴… Ⅲ.①农村 – 老年人 – 社会
保障体制 – 研究 – 中国 Ⅳ.①F323.89

中国版本图书馆 CIP 数据核字(2014)第 017005 号

西安交通大学人口与发展研究所·学术文库
农村家庭代际支持的年龄模式

著　者 / 左冬梅　李树茁　〔加〕吴　正

出 版 人 / 谢寿光
项目统筹 / 周　丽　高　雁
责任编辑 / 林　尧

出　　版 / 社会科学文献出版社·经济与管理出版中心 (010) 59367226
　　　　　地址:北京市北三环中路甲 29 号院华龙大厦　邮编:100029
　　　　　网址:www.ssap.com.cn
发　　行 / 市场营销中心 (010) 59367081　59367090
　　　　　读者服务中心 (010) 59367028
印　　装 / 三河市尚艺印装有限公司

规　　格 / 开　本:787mm × 1092mm　1/16
　　　　　印　张:12.5　字　数:211 千字
版　　次 / 2014 年 12 月第 1 版　2014 年 12 月第 1 次印刷
书　　号 / ISBN 978 - 7 - 5097 - 5613 - 3
定　　价 / 65.00 元